L'Arte dell'Autodisciplina

Tecniche Pratiche per Costruire Forza Mentale, Resistere alle Tentazioni, Eliminare le Cattive Abitudini e Raggiungere i Tuoi Obiettivi, Senza Autosabotarti

Logan Mind

Scarica il Tuo Libro Gratuito! 6

© COPYRIGHT 2024 - TUTTI I DIRITTI RISERVATI. 7

Come Scaricare i Tuoi Extra 8

Altri Libri 10

Unisciti alla mia squadra di recensioni! 12

Introduzione.. 13

Capitolo 1: Comprendere l'Autodisciplina 15

Capitolo 2: Le Basi della Forza Mentale 24

Capitolo 3: Identificare e Superare le Cattive Abitudini 32

Capitolo 4: Resistere alle Tentazioni in Modo Efficace 43

Capitolo 5: Definizione e Raggiungimento degli Obiettivi 53

Capitolo 6: Gestione del Tempo per l'Autodisciplina 63

Capitolo 7: Sviluppare una Mentalità Disciplinata 74

Capitolo 8: Sviluppare Resilienza e Determinazione 85

Capitolo 9: Il Ruolo della Salute Fisica nell'Autodisciplina 95

Capitolo 10: Regolazione Emotiva e Autodisciplina 106

Capitolo 11: Tecniche di Produttività per la Mente Disciplinata 117

Capitolo 12: Superare la Procrastinazione 128

Capitolo 13: Mantenere l'Autodisciplina a Lungo Termine 138

Per Concludere 149

Altri Libri 152

Aiutami! 154

Unisciti alla mia Squadra di Recensori! 155

EMOTIONAL INTELLIGENCE
for Social Success

FREE DOWNLOAD: pxl.to/loganmindfreebook

LOGAN MIND

EXTRAS

https://pxl.to/LoganMind

Books
Workbooks
FREE GIFTS
Review Team
Audiobooks
Contacts

CLICK NOW!

@loganmindpsychology

Scarica il Tuo Libro Gratuito!

Come **ringraziamento** per il tuo acquisto, ti offro il libro "**Intelligenza** Emotiva per il Successo Sociale" GRATIS!

Dentro ci troverai:

- Come riconoscere e gestire meglio le tue **emozioni**

- Tecniche per migliorare le tue **relazioni** personali e lavorative

- Modi pratici per aumentare la tua **autostima**

- Metodi per ridurre lo **stress** e l'ansia nella tua vita di tutti i giorni

- Strumenti per **comunicare** in modo più efficace e deciso

Se vuoi dare una svolta alla tua vita sociale e creare legami più forti e **gratificanti**, non perdere l'occasione di scaricare questo libro gratuito.

Per avere **accesso** immediato, vai su:

https://pxl.to/loganmindfreebook

© COPYRIGHT 2024 - TUTTI I DIRITTI RISERVATI.

Il contenuto di questo libro non può essere riprodotto, duplicato o trasmesso senza l'autorizzazione scritta diretta dell'autore o dell'editore. In nessun caso l'editore o l'autore saranno ritenuti responsabili per eventuali danni, riparazioni o perdite monetarie dovute alle informazioni contenute in questo libro, sia direttamente che indirettamente.

AVVISO LEGALE:

Questo libro è protetto da copyright. È destinato esclusivamente all'uso personale.

Non è consentito modificare, distribuire, vendere, utilizzare, citare o parafrasare alcuna parte o il contenuto di questo libro senza il consenso dell'autore o dell'editore.

Come Scaricare i Tuoi Extra

Se sei alla ricerca di un **supporto** aggiuntivo per ottenere il massimo da questo libro, allora i tre extra che ho preparato per te sono proprio ciò che ti serve. Questi strumenti complementari ti aiuteranno a mettere in pratica le **tecniche** raccolte nel libro, aumentando le tue probabilità di **successo** nel viaggio verso l'autodisciplina.

Ecco cosa troverai nel pacchetto extra:

• PDF 21-Day Challenge: Un **piano** dettagliato e pratico per 21 giorni che ti guiderà passo dopo passo attraverso un percorso di autodisciplina. Del valore di 14,99€, questo PDF ti aiuterà a implementare subito le strategie discusse nel libro.

• 101+ Frasi ispiratrici sull'autodisciplina: Una raccolta di oltre 101 frasi ispiratrici scelte con cura per **motivarti** e mantenere alta la tua determinazione. Le parole giuste al momento giusto possono fare una grande differenza nelle sfide quotidiane.

• Checklist per Eliminare Cattive Abitudini: Un elenco rapido e mirato per identificare e sradicare le **abitudini** negative dalla tua vita. Del valore di 9,99€, questa checklist rende semplici e gestibili anche i cambiamenti più difficili.

• Bonus: Un'anteprima gratuita di "Intelligenza Emotiva per il Successo Sociale", del valore di 14,99€. Unisciti a me in questa lettura per scoprire come l'autocontrollo **emotivo** può essere il tuo migliore alleato nel percorso verso una disciplina duratura.

Con questi extra a portata di mano, potrai integrare le lezioni apprese nel libro con strumenti pratici e motivazionali che ti accompagneranno ogni giorno. La chiave per una disciplina efficace sta nella **costanza** e nell'applicazione pratica delle conoscenze, e questi materiali sono stati creati proprio con questo scopo.

Dai un'occhiata agli extra qui:

https://pxl.to/6-taos-lm-extras

Altri Libri

Hai intrapreso un **cammino** importante e affascinante con questo libro, addentrandoti nelle tecniche essenziali per raggiungere i tuoi **obiettivi** con determinazione. Ma per ottenere una pienezza definitiva e profonda, ti consiglio di considerare anche altri aspetti correlati che posso offrirti attraverso i miei altri libri.

Mi sono impegnato a esplorare vari argomenti complementari che possono arricchire e completare la tua **crescita personale**. Puoi già accedere a questi libri o saranno presto disponibili:

• L'**intelligenza emotiva** è un tassello fondamentale nel mosaico del successo personale e professionale, lavorando sulle tue abitudini per migliorare i rapporti con gli altri e te stesso.

• Avere una buona **autostima** è la chiave per affrontare ogni sfida con fiducia, credendo fermamente in chi sei e nelle tue potenzialità.

• Migliorare il tuo **cervello** significa aumentare le tue capacità cognitive e la tua lucidità mentale, portando a un miglioramento generale nella presa di decisioni e nel problem solving.

Per approfondire questi temi e continuare sulla strada che hai intrapreso con questo libro, ti invito a scoprire i miei altri **lavori** e vedere come possono ulteriormente arricchire la tua vita.

Dai un'occhiata al link qui sotto, clicca su "All My Books" e scegli i libri che ti **interessano** di più. Se hai voglia di metterti in contatto direttamente con me, troverai tutti i dettagli alla fine del link.

Controlla tutti i miei libri e contatti qui:

https://pxl.to/LoganMind

Unisciti alla mia squadra di recensioni!

Grazie mille per aver dedicato il tuo tempo alla lettura del mio **libro**! Mi farebbe un enorme piacere se considerassi l'opportunità di entrare a far parte della mia squadra di **recensori**. Se sei un lettore **appassionato**, potresti ottenere una copia **gratuita** del mio libro in cambio del tuo onesto **feedback**, che sarebbe di grandissimo aiuto per me.

Ecco come puoi unirti al team degli ARC:

- Clicca sul **link** o scansiona il codice QR.

- Clicca sulla **copertina** del libro nella pagina che si apre.

- Clicca su "Join Review Team" (Unisciti al Team di Recensione).

- Iscriviti a BookSprout.

- Riceverai una notifica ogni volta che pubblicherò un nuovo libro.

Puoi iscriverti al **team** qui:

https://pxl.to/loganmindteam

Non perdere questa fantastica opportunità di far parte di una community di lettori entusiasti e di contribuire al mondo della **letteratura**!

Introduzione

Hai mai pensato perché alcuni riescono a **raggiungere** i loro obiettivi con apparente facilità, mentre altri sembrano sabotarsi continuamente? Bene, mi sono posto la stessa domanda. E mi sembra che la risposta stia molto nella **disciplina**, o meglio, nell'*auto-disciplina*. Immagina di essere capace di resistere ad ogni tentazione, di vincere ogni cattiva abitudine e di raggiungere i tuoi **obiettivi** senza auto-sabotarti. È possibile, te lo prometto.

In questo libro, ti guiderò in un **viaggio**, passo dopo passo, per aiutarti a costruire una mentalità resiliente e disciplinata. So cosa stai pensando: "Sì, tutto bello in teoria, ma nella pratica?" Lo so, ci sono passato anch'io. Non si tratta solo di psicologia o neuroscienze, ma di applicare tecniche pratiche che faranno davvero la differenza.

Sono Logan Mind, e da più di dieci anni studio e applico queste tecniche nella mia vita e nel mio lavoro. Ho avuto il privilegio di collaborare con alcune delle aziende più importanti del mondo, offrendo consulenza strategica e coaching esecutivo. E da tutte queste esperienze, ho capito intimamente quanto sia fondamentale comprendere e migliorare il nostro **comportamento**.

Ti confiderò che non tutte le giornate sono state facili, e che anche io ho lottato con le mie paure e insicurezze. Ma una cosa ho imparato: la **determinazione** e la giusta mentalità possono trasformare qualunque sfida in un trampolino per il successo.

Questo libro non ti offrirà risposte magiche o soluzioni rapide. No, sarai tu a costruire il cambiamento, grazie a esercizi pratici e tecniche concrete. Esplorerai strumenti come il tracciamento delle abitudini, la gestione delle tentazioni e strategie concrete per la definizione degli obiettivi. Sì, sarà un percorso impegnativo, ma ognuna delle cose che affronteremo insieme si rivelerà preziosa anche in altri ambiti della tua vita.

E, altro punto cruciale, ci addentreremo nei problemi che spesso ci tengono in scacco: l'abitudine di rimandare, la gestione del tempo e come superare quei momenti di sconforto che ci fanno pensare di non potercela fare. Se avrai delle obiezioni del tipo, "Sì, ma io sono così, non posso cambiare", ti capisco. Ci sono passato anch'io. Ma lascia che ti dica che, con il giusto approccio, anche tu puoi trasformarti.

Mettendo le **emozioni** sotto la lente d'ingrandimento, scoprirai come controllare meglio le tue reazioni emotive e come queste influenzino la tua disciplina. E non ignoriamo l'importanza della salute fisica: nutrizione, esercizio e sonno sono tutti pezzi del puzzle che andremo a completare insieme per creare una vita più sana e disciplinata.

Ogni capitolo di questo libro è pensato per guidarti verso una migliore versione di te stesso, senza drastiche rivoluzioni, ma con piccoli, potenti **cambiamenti** che, giorno dopo giorno, trasformeranno davvero la tua vita.

Alla fine del percorso, non ti riconoscerai più. E non sto parlando di diventare perfetti, ma di accettare e migliorare costantemente te stesso. Scommetto che inizierai a vedere il mondo con occhi diversi, pronto ad affrontare ogni nuova sfida con una fiducia e determinazione rinnovate.

Quindi, lasciati alle spalle tutte quelle scuse e inizia questo viaggio con me. Perché il bene più grande che possiamo fare per noi stessi è sviluppare una disciplina ferrea e una resistenza mentale che ci permettono di vivere *davvero* le nostre vite, senza rimpianti.

Pronto? Ah, dimenticavo... la disciplina non è una prigione, è **libertà**. L'inizio è qui.

Capitolo 1: Comprendere l'Autodisciplina

Hai mai riflettuto su quanto sia **potente** la tua forza di volontà? Ti guida in ogni **decisione**, dall'alzarti dal letto la mattina fino a completare quel progetto che hai iniziato. Mi sono sempre chiesto come alcuni riescano a tenere tutto sotto controllo, mentre altri, come me, a volte faticano. Bene, questo capitolo è la chiave per svelare quei segreti nascosti.

Quello che stai per scoprire potrebbe davvero sorprenderti. Conosci quel **meccanismo** strano che ti spinge a fare una corsa alle sette del mattino? O magari quella forte **determinazione** che ti impedisce di mangiare un dolcetto in più? Sì, si tratta di autodisciplina, e voglio che tu ed io esploriamo insieme i misteri che si celano dietro di essa.

Vedrai come la **psicologia** giochi un ruolo enorme nel controllo di sé, e come perfino il tuo cervello supporti queste scelte. Anche una semplice **abitudine** può fare la differenza tra successo e fallimento. L'autodisciplina non è un superpotere innato di pochi eletti, ma qualcosa che tutti possiamo affinare. E se ti senti già a corto di **energia**, non preoccuparti! Parleremo anche di come gestire la fatica della volontà. Sei pronto a cambiare il modo in cui vedi te stesso? Dai, **andiamo**!

La Psicologia dell'Autocontrollo

Pensa all'**autocontrollo** come una specie di muscolo mentale. È quella capacità di regolare pensieri, emozioni e comportamenti per puntare a obiettivi a lungo termine. Tipo quando decidi di svegliarti presto al mattino, anche se il cuscino sembra più invitante di una giornata a tema Netflix. Sì, proprio quello.

Ma cosa succede esattamente nella tua testa quando tenti di prendere una decisione e frenare un impulso? Ok, vediamola così. I processi cognitivi coinvolti sono simili a un ingorgo stradale nelle ore di punta. Ci sono tante informazioni che bombardano il tuo cervello, cercando di influenzarti in mille modi diversi. Chi dirà "Compra quel dolce", altri "Lavora ancora un po'", e così via. Una buona capacità d'autocontrollo ti permette di filtrare il traffico mentale e prendere la strada giusta per arrivare agli obiettivi a lungo termine.

Ti trovi a valutare continuamente benefici immediati contro vantaggi più lontani. E non è per niente facile. Immagina di stare davanti a un cartone enorme di pizzette. La **tentazione** è forte, giusto? Ma la razionalità — quella piccola voce che pensa al futuro — ti dirà: "Sei a dieta, ricordi?". Fare scelte equilibrate richiede energia mentale e può stancarti. Chiediti perché spesso preferisci l'immediato piacere al sacrificio a lungo raggio. Spoiler: non sempre sei pigro, solo che il tuo cervello spesso funziona così.

Poi, entra in gioco la **corteccia prefrontale**. Questo piccolo pezzo di cervello situato dietro la fronte è come il tuo coach personale in palestra. Quando si parla di funzioni esecutive — tipo pianificare, risolvere i problemi e controllare impulsi — la corteccia prefrontale è il boss.

Essa ti aiuta a fare liste di cose da fare e a seguirle, a decidere quando dire "stop", e a non cedere alle tentazioni a ogni singolo passo. In più, è fondamentale per capire le conseguenze delle tue azioni e regolare il comportamento di conseguenza. Hai presente quando decidi di non mangiare dolci perché sai che ne pagherai le conseguenze sulla bilancia? È la corteccia prefrontale che sta facendo il suo lavoro.

Quando funziona bene, sei in buona forma. Ma se è "stanca" o sovraccaricata da **stress** e mancanza di sonno? L'autocontrollo si frantuma come un biscotto al cioccolato. E, lo sai, rinunciare a certi golosi è parecchio difficoltoso.

Mentalmente parlando, potresti immaginare la corteccia prefrontale come il **direttore d'orchestra** che coordina tutte le sezioni musicali del cervello. Se perde il controllo, hai un caos totale. Segmenti legati agli impulsi iniziano a fare il loro show, ignorando completamente la sinfonia che avevi in mente per la tua vita.

Ecco che lo stress è come una cattiva equazione. Più lo stress cresce, meno hai la capacità di autocontrollarti. Peggio ancora la mancanza di riposo e l'angoscia quotidiana deteriorano ancor di più questa funzione essenziale del tuo cervello. È così importante capire quanto il **sonno** e la tranquillità mentale possano potenziare la tua autodisciplina complessiva.

Tutto ciò mostra che l'autocontrollo non è solo questione di **volontà** ma tanto dipende da come funziona il tuo cervello e quanto allenato riesci a tenerlo. Quindi la prossima volta che discuti con te stesso per un pezzetto di torta o un extra dieci minuti di Netflix, ricorda che ogni sfida superata allena la tua corteccia prefrontale e, di conseguenza, il tuo **autocontrollo**.

Neuroscienza e Autodisciplina

Allora, cominciamo con il **sistema di ricompensa** del cervello. Sai, quella sensazione che provi quando mangi un cioccolatino o ricevi un complimento? Ecco, il tuo cervello rilascia dopamina, una sostanza chimica che ti fa sentire bene. Questo è il sistema di ricompensa in azione. Essenzialmente, il tuo cervello cerca cose piacevoli e importanti per la sopravvivenza. Però, c'è un lato negativo. Cerca anche scorciatoie che portano piacere immediato, e qui entrano in gioco le cattive abitudini, come stare ore davanti alla TV anziché fare una passeggiata.

Pensaci. Se ogni volta che completi un compito ricevi una piccola dose di dopamina, di sicuro vorrai ripeterlo, no? Ma se inizi a ricevere dopamina da cose meno utili, tipo mangiare schifezze o scrollare i social media per ore, diventa un problema. Le conseguenze per la tua **autodisciplina** sono enormi. Invece di lavorare verso obiettivi a lungo termine, sei sempre alla ricerca di quella gratificazione istantanea.

Ora, parliamo di **neuroplasticità**. Questo termine si riferisce alla capacità del cervello di cambiare e adattarsi nel tempo. Non è incredibile? Significa che puoi letteralmente "ricablare" il tuo cervello per migliorare l'autodisciplina. Cambiare abitudini non è semplice, ma col tempo e con sforzo, puoi formare nuove connessioni neurali che rendono più facile adottare comportamenti positivi. Tipo, imparare a suonare uno strumento o praticare regolarmente una nuova lingua cambia fisicamente il tuo cervello, rendendo queste attività più naturali col tempo.

Immagina il tuo cervello come un sentiero nel bosco. Più spesso cammini su un percorso, più chiaro e definito diventerà. Se decidi di creare un nuovo sentiero – magari uno che porta a buone abitudini come fare sport o leggere ogni giorno – all'inizio sarà faticoso. Ma col tempo, quel nuovo percorso diventerà la tua nuova routine. Non è fantastico?

Ma non è tutto sempre rose e fiori. Lo **stress** gioca un ruolo enorme nell'autodisciplina. Quando sei stressato, il tuo corpo rilascia cortisolo, un ormone che può appannare il tuo giudizio e rendere difficile il controllo delle emozioni e delle azioni. Hai notato quanto è più difficile rimanere concentrato o prendere decisioni sensate quando sei sotto pressione?

Lo stress prolungato svuota le **risorse cognitive** che usi per mantenere l'autodisciplina. Quando la tua mente è sotto pressione costante, è più facile cadere in abitudini inefficienti e indulgere in quelle azioni che offrono gratificazione immediata. La meditazione, l'esercizio fisico, e una buona dieta sono più che consigliabili. Ridurre il livello di stress può fare una differenza enorme nella tua capacità di rimanere disciplinato.

Per concludere, è già evidente quanto il cervello sia **complesso** e quanto queste componenti – dal sistema di ricompensa alla neuroplasticità, fino agli effetti negativi dello stress – influenzino notevolmente la tua capacità di mantenere autodisciplina. Non è un'impresa da poco, ma con **pazienza** e pratica, è certamente possibile migliorarti ogni giorno.

Il Ruolo delle Abitudini nell'Autodisciplina

Allora, cosa sono le **abitudini**? Sono quei comportamenti che fai quasi senza pensarci, automatismi che conservano energia mentale. Immagina di iniziare ogni giorno a pensare da capo come fare una tazza di caffè. Sarebbe uno spreco di energia mentale, no? Con le abitudini, risparmi questa energia e la usi per cose più importanti. Ecco perché sono fondamentali per l'**autodisciplina**. Se riesci a creare abitudini sane e buone, ti aiuteranno a mantenere quello slancio senza doverci pensare troppo ogni volta.

Parliamo dell'accumulo di abitudini. È un po' come costruire un muro di mattoni: metti un mattone alla volta. Ogni piccola abitudine positiva aggiunge un pezzo alla tua autodisciplina. Per esempio, se ogni mattina inizi con dieci minuti di **meditazione**, questi dieci minuti diventano una parte stabile della tua routine quotidiana. Una volta fatto questo, aggiungi una nuova abitudine, magari leggere qualche pagina di un libro. Pian piano accumuli abitudini che, sommate insieme, ti portano ad agire in maniera autodisciplinata in altre aree della tua vita.

Oppure pensaci come un corridore che costruisce la sua resistenza. Inizia con brevi percorsi, aumenta gradualmente la distanza – arriva a correre maratone. Beh, è lo stesso principio con le abitudini e l'autodisciplina. Pagina dopo pagina, respiro dopo respiro – accumuli piccoli successi che portano a grandi risultati.

Ora, passiamo alla parte scientifica. Perché le abitudini sono così potenti? La base neurologica delle abitudini si trova nei **gangli della base**. Questa è una parte del cervello che gestisce i movimenti motori e comportamenti ripetitivi. Quando ripeti un comportamento abbastanza volte, i gangli della base assumono il controllo, e il comportamento diventa automatico. Questo significa che il tuo cervello utilizza meno energia perché il compito diventa "meccanico".

È affascinante, vero? Ma ci sono altre cose da osservare. Ad esempio, hai mai notato quanto sia difficile stravolgere una cattiva abitudine? Questo è dovuto al fatto che, con il ripetersi dei comportamenti, i gangli della base costruiscono connessioni neurali sempre più forti e salde. Sradicarle è come tentare di fermare un treno in corsa... non semplice, ma assolutamente possibile.

E qui entra in gioco anche la **forza di volontà**. Quando formi una nuova abitudine, la forza di volontà svolge un ruolo fondamentale nei primi momenti, quelli critici. Per chi non l'ha sperimentato, creare abitudini richiede tempo e sforzo – proprio come imparare a suonare il piano o andare in palestra per la prima volta. La costanza è tutto. Superate le prime difficoltà, i gangli della base prendono il controllo e ti senti quasi trasportato lungo il binario dell'abitudine, con minor fatica.

Con tutto questo in mente, non stupisce come mai le buone abitudini siano così essenziali all'autodisciplina. Passo dopo passo – o meglio, abitudine dopo abitudine – costruisci una versione migliore di te stesso. Abituarsi a fare scelte salutari e produttive diviene, pian piano, non solo più semplice, ma proprio automatico.

Quindi il trucco sta nel cominciare dalle piccole cose. Osserva le tue attuali abitudini, identifica quelle cattive da sostituire con buone. **Pianifica**. Con la costanza e la ripetizione il tuo cervello inizierà a cambiare, facilitando la tua vita. Abitudini migliori conducono a maggiore **autodisciplina** e, infine – come dire, senza neanche accorgertene, ti ritroverai a raggiungere i tuoi obiettivi in modo più spedito.

Affaticamento e gestione della forza di volontà

Allora, la **forza di volontà** è come una batteria. Hai presente quelle giornate in cui senti che non hai proprio energia per combattere una tentazione? Quando preferiresti solo mollare e rimandare tutto? Beh, questo succede perché la nostra forza di volontà, proprio come una batteria, può **esaurirsi** col passare del tempo.

Ma cosa la fa scaricare? Diverse cose. Ad esempio, lo **stress**, la mancanza di sonno, decisioni continue, e persino la fame. Quando devi prendere tante decisioni in una giornata, la tua forza di volontà si consuma un po' ogni volta, finché alla fine ti trovi a secco. Anche eventi emotivi, sia positivi che negativi, possono rubarti le energie.

Quindi, cosa puoi fare? Beh, devi essere un po' strategico. Anziché cercare di essere forte sempre e comunque, sarebbe meglio **risparmiare** la forza di volontà per i momenti cruciali. Tipo, se sai che dovrai affrontare tante tentazioni nel pomeriggio, magari evita di fare cose complicate la mattina.

Ecco alcune strategie che puoi provare:

• Evita decisioni inutili: Pianifica in anticipo per ridurre le scelte che devi fare al momento. Questa tattica libera energia mentale.

- Tieni a bada lo stress: Tecniche di **rilassamento** come la meditazione o anche solo una passeggiata possono darti una mano. Lo sappiamo tutti quanto lo stress sia un killer per la forza di volontà.

- Mangia e dormi bene: Suona come un consiglio da mamma, lo so, ma è vero che una sana alimentazione e un sonno adeguato mantengono alte le riserve di forza di volontà.

- Spezzetta i compiti: Grande obiettivo? Dividilo in piccole parti. Completi passo dopo passo senza esaurirti subito.

La **consapevolezza** di sé è un'altra chiave importante in tutto ciò. Essere in grado di riconoscere quando ti stai affaticando è fondamentale. Se inizi a sentire che ogni piccola cosa ti irrita o che nulla riesce a trattenerti dallo svuotare quel pacchetto di biscotti, è un segno che la tua forza di volontà sta finendo. Non aspettare di esaurirti completamente. Intervieni prima di arrivare a quel punto.

Come farlo? Inizia ad ascoltare il tuo corpo e la tua mente. Sei svogliato, irritabile, affamato? Stai attento a questi segnali. Puoi anche stabilire dei check-in durante la giornata. Fermati un secondo e chiediti: "Come mi sento? Ho ancora energia mentale?" Se vedi che la batteria sta scaricando, prenditi una pausa.

Magari una breve meditazione, o un po' di stretching, possono aiutarti a ricaricare un po' la batteria senza troppi sforzi. Anche uno **spuntino** salutare può fare miracoli, purché non si esageri. È come mantenere un delicato equilibrio tra l'uso e la ricarica della tua forza di volontà.

Alla lunga, riconoscere i tuoi limiti e sapere quando è ora di ricaricarsi è un'arte che migliorerai con la pratica. Alla fine, avere un po' di **compassione** per te stesso è essenziale. Non puoi (e non devi) essere un eroe ogni giorno. Insomma, impara a gestire la tua forza di volontà come qualcos'altro che necessita cura e attenzione. In questo modo riuscirai a conservare l'energia per le situazioni che contano davvero.

In Conclusione

Questo capitolo ha esplorato l'importanza dell'**autodisciplina**, aiutandoti a capire meglio come funziona e come puoi svilupparla per raggiungere i tuoi **obiettivi** a lungo termine. Mettere in pratica questi concetti può davvero fare la differenza nella tua vita quotidiana e nel tuo futuro. Ecco un riassunto dei punti chiave trattati:

• Hai scoperto cosa significa avere **autocontrollo**: la capacità di gestire pensieri, emozioni e comportamenti per perseguire obiettivi a lungo termine.

• Hai esplorato i processi cognitivi alla base della **decisione** e del controllo degli impulsi: come il tuo cervello ti aiuta a fare scelte sagge.

• Hai imparato il ruolo della corteccia prefrontale: la parte del cervello che gestisce le funzioni esecutive e l'autoregolazione.

• Hai capito come il sistema di **ricompensa** del cervello influisce sulla **motivazione**: comprendere questo meccanismo può aiutarti a mantenere la disciplina.

• Hai scoperto l'importanza della formazione delle **abitudini** e della neuroplasticità: il tuo cervello può cambiare e adattarsi con nuove abitudini, facilitando l'autodisciplina.

Mettendo in pratica gli insegnamenti di questo capitolo, sarai in grado di migliorare la tua autodisciplina e, alla fine, avvicinarti sempre di più ai tuoi **obiettivi**. Ricorda, la chiave è applicare ciò che hai imparato, giorno dopo giorno. Con **forza** e **determinazione**, vedrai grandi risultati!

Capitolo 2: Le Basi della Forza Mentale

Ti sei mai **chiesto** cosa distingue veramente chi non si ferma mai dagli altri? Io sì. E ho una bella notizia per te: stai per scoprirlo anche tu. Questa **avventura** non è solo un viaggio passivo; è un invito a guardare dentro te stesso, a esplorare una parte di te ancora sconosciuta. Vuoi svelare il tuo **potenziale** nascosto?

In questo capitolo, voglio condividere con te ciò che ho capito sulla **Forza Mentale** e come possiamo davvero costruirla. Sai, ci sono qualità dentro di noi che a volte dimentichiamo di avere o non sappiamo come sfruttare. Questo potrebbe cambiare tutto per te.

Cos'è esattamente la **Resilienza** Mentale? E come puoi allenare la tua **Intelligenza** Emotiva e l'Autodisciplina? Pensa a questo come a un campo fertile da coltivare. Non è qualcosa che ottieni dall'oggi al domani, ma una pratica, un approccio giorno per giorno. Personalmente, credo davvero che adottare una **Mentalità** di Crescita possa aprire strade nuove che non pensavi fossero possibili.

Ricorda, questa avventura è tua tanto quanto mia. Gli **strumenti**, i segreti, tutte quelle chiavi che cerchi sono proprio tra queste pagine. Sei pronto a scoprirli?

Definire la Forza Mentale

La **forza mentale** è, in fondo, la capacità di perseverare di fronte alle sfide e mantenere concentrazione anche sotto pressione. Ti sei mai trovato davanti a una montagna di compiti o obiettivi da raggiungere? Quello è il momento in cui metti alla prova il tuo vero carattere, quando la forza mentale entra in gioco. È come il muscolo della mente, che devi allenare per dare il meglio.

Pensa a quando ti trovi in mezzo a una situazione totalmente **stressante**. Magari è un esame importante o una difficile sfida lavorativa. La tua abilità di andare avanti, restare concentrato e respingere quella tentazione di mollare, è proprio forza mentale.

Questa forza non è solo resistere o sopportare. È un equilibrio tra quattro componenti principali: controllo, **impegno**, sfida e fiducia.

Il controllo riguarda il dominio delle tue emozioni e azioni. Non puoi evitare tutte le situazioni stressanti, ma puoi scegliere come reagirci. Quando conservi il controllo, sei tu che decidi come rispondere allo stress, non il contrario.

L'impegno, invece, riguarda quanto sei dedicato ai tuoi **obiettivi**. Immagina un corridore che puntualmente si allena per una maratona. Non importa la pioggia, il freddo o la stanchezza: è lì, impegnato al massimo.

Poi c'è la **sfida**. Vedere i problemi come opportunità di crescita. Piuttosto che scoraggiarti, percepisci ogni difficoltà come una scalata da affrontare. È quasi un modo divertente di mettere alla prova le tue capacità, rendendo ogni viaggio uno stimolo per migliorarti.

Infine, la **fiducia**. Non solo parliamo di fiducia in te stesso, ma anche in quello che puoi fare. Quel senso di sicurezza che ti spinge a pensare "ci riesco, ce la faccio".

Forza mentale e **resilienza** sono compagne di viaggio. Si dice che la forza mentale sia fondamentale per resistere e persistere nel raggiungere obiettivi a lungo termine. Se fai fatica a rimanere motivato e concentrato sul lungo termine, allora devi fortificare la tua forza mentale.

In pratica, la resilienza è la capacità di rimbalzare dopo un fallimento. Ti hanno sbattuto una porta in faccia? Risorgi come una fenice e riprova. La forza mentale ti darà quel carburante mentale, rendendoti invincibile, non potranno fermarti.

Allora, quando parliamo di forza mentale, parliamo di un mix ben bilanciato di gestione emozionale, dedizione agli obiettivi, visione positiva delle avversità e una fiducia incrollabile in se stessi. Sì, suona impegnativo, ma non devi farlo tutto in un giorno.

Ci si arriva un passo alla volta, con pratiche quotidiane e quel poco che rende ognuno di noi un po' speciale. Vuoi iniziare a costruire la tua forza mentale? Ripeti piccoli mantra di fiducia, metti alla prova i tuoi limiti e affronta ogni giorno con il giusto mix di **grinta** e ottimismo. Le più grandi vette, dopotutto, si scalano un passo alla volta.

I Componenti della Resilienza Mentale

La **resilienza** psicologica è la capacità di adattarsi e riprendersi dalle avversità... come se fosse un elastico che, anche quando tirato si allunga, alla fine ritorna alla sua forma originale. Parliamo di sopportare situazioni difficili senza crollare. Ovviamente, non è semplice, ma è assolutamente possibile.

Ora, una parte cruciale di questa resilienza è la **flessibilità** cognitiva. Questo termine suona complicato, ma in fondo significa solo poter cambiare prospettiva. Sei come una canna di bambù che si piega con il vento, invece di spezzarsi. A volte le cose non vanno come pianificato – succede, no? Ma invece di fissarti su un solo approccio, puoi scoprire una nuova strada. Questa capacità di vedere il mondo da più angolazioni ti permette di gestire meglio le difficoltà.

Sai quando hai quegli amici che, qualunque cosa accada, riesci sempre a parlare con loro e ti fanno sentire meglio? Beh, ecco un altro tassello fondamentale per la resilienza: il **supporto** sociale. No, non stiamo parlando dei social media – parliamo di persone reali con cui hai relazioni positive. Avere una rete di supporto, che può essere composta da amici, familiari o colleghi, è come avere una cassaforte emotiva. Quando la vita ti colpisce duro, hai un posto sicuro dove rifugiarti e trovare conforto.

Le relazioni positive e il supporto sociale sono **ancore** che ti tengono fermo quando le onde della vita diventano troppo alte. Tutti abbiamo quelle persone speciali che ci spronano a fare di meglio... quelli che ti dicono "puoi farcela" quando sei sul punto di mollare. Ed è proprio grazie a loro che, spesso, trovi la forza di riprenderti.

Immagina questo: se ogni volta che incappi in un **ostacolo** vuoi far tutto da solo, è come scalare una montagna con una sola mano. Ma se, invece, accetti supporto, è come avere una squadra intorno a te pronta ad aiutarti e darti energia.

La resilienza mentale non è dunque un **superpotere** innato, ma qualcosa che puoi sviluppare con il giusto atteggiamento, flessibilità mentale e relazioni forti.

Adesso che hai un'idea della flessibilità cognitiva e del supporto sociale, è evidente come questi due elementi possano donare una nuova prospettiva nella costruzione di una resilienza robusta. Insomma, tutti noi potremmo tirare fuori quell'elastico interiore per tornare sempre alla nostra forma migliore, nonostante gli inevitabili strattoni della vita.

Forse l'**approccio** mentale sembra difficile, e all'inizio assolutamente lo è, però più impari a cambiare punto di vista e circondarti di persone positive, più la tua resilienza cresce. Un po' come uno **muscolo**, richiede allenamento e dedizione. Ma i risultati sono lì, pronti a essere raccolti, una volta compreso che la resilienza è a tua portata - basta sapere dove cercare e come svilupparla.

Intelligenza Emotiva e Autodisciplina

Definire l'intelligenza emotiva non è complicato. Immagina di avere la **capacità** di riconoscere, capire e gestire le tue emozioni senza lasciarle prendere il comando. Questo è esattamente ciò che significa essere emotivamente intelligenti. In pratica, quando sei arrabbiato, ansioso o sopraffatto, non lasci che questi sentimenti guidino le tue azioni. È come avere un interruttore interno che può controllare e regolare le emozioni, indirizzandole in direzioni utili e costruttive. Una sorta di gioco interno tra sapere e sentire, che può rendere più facile mantenere la calma e la concentrazione.

Quando sei **consapevole** delle tue emozioni, diventi un po' come un esperto nel fare il bilancio delle tue reazioni. Prendiamo l'autodisciplina. Sapere cosa stai provando in un dato momento può cambiare il modo in cui reagisci alle situazioni difficili. Magari sei tentato di rilassarti sul divano invece di andare a correre, ma se sei consapevole di sentirti pigro solo a causa di una giornata stressante, puoi contrastare quel desiderio con una scelta più sana. Non stai ignorando i tuoi sentimenti, li stai usando a tuo vantaggio. E questo porta ad una migliore regolazione personale. Fare la scelta giusta diventa più semplice quando hai una chiara comprensione del "perché" ti senti in un certo modo.

Ma non è solo una questione di regolazione personale. Intelligenza emotiva significa anche **empatia**, capire e rispondere alle emozioni degli altri. Questo è super cruciale nei contesti sociali. Se riesci a mettere in pratica questa sensibilità, sarai capace di rimanere disciplinato anche nelle interazioni con altre persone. Per esempio, se sai che un tuo amico è stressato, potresti essere più paziente con lui e meno propenso a rispondere impulsivamente. È come se stessi costruendo un ponte di comprensione, che permette l'interazione senza farti trasportare troppo dalle tue emozioni immediate.

Ora, collegando l'empatia all'**autodisciplina**, è chiaro come entrambe abbiano un impatto significativo sul modo in cui gestisci socialmente le tentazioni e le sfide. Ad esempio, un invito ad una festa può risultare stuzzicante quando sai di dover completare un progetto. Essere empatico verso chi ti invita, riconoscendo anche i tuoi bisogni, ti aiuta a prendere una decisione più bilanciata. Pensare all'importanza dei sentimenti delle altre persone può prevenire risposte impulsive, come accettare inviti solo per evitare conflitti. Qui l'autodisciplina brilla davvero.

Inoltre, l'empatia influenza le nostre **abitudini** di gruppo. Giornalmente interagisci con altre persone e spesso cadrai nella tentazione di conformarti a ciò che fanno gli altri. Ma se sei emotivamente intelligente, riesci a mantenere la rotta, pur considerando i sentimenti e le reazioni degli altri. E alla fine è proprio quello che fa la differenza.

Avendo costruito questa **consapevolezza** emotiva profonda non riesci a ingannarti facilmente. Ti porta a un livello di onestà, prima con te stesso e poi con gli altri. Questo è il fondamento della vera autodisciplina, quella che non crolla alle prime difficoltà. **Sensibilità** e autodisciplina vanno a braccetto. Insomma, una vera arte che si basa tanto su sentire quanto su sapere.

L'approccio della mentalità di crescita

Una mentalità di **crescita** è la convinzione che le abilità e l'**intelligenza** possano essere sviluppate con impegno e apprendimento. Pensa a quando eri bambino. Non sapevi fare niente, ma non avevi paura di cadere mentre imparavi a camminare, vero? La mentalità di crescita funziona proprio così. Si tratta di credere che, anche se qualcosa ora sembra difficile, con un po' di **sforzo** e tenacia puoi migliorare.

Adottare questa mentalità fa davvero la differenza quando affronti le **sfide**. Quando pensi di poter migliorare, non ti arrendi facilmente. Potresti cadere, inciampare, sentirti scoraggiato. Ma ogni volta che ti rialzi, impari qualcosa di nuovo. E col tempo, diventi più forte e resiliente.

Il dialogo interno è come un film che passa nella tua testa. È la voce che ti dice se sei capace o meno. Se continui a ripeterti frasi come "Non ce la farò mai" o "Non sono abbastanza bravo", finisci per crederci davvero. D'altro canto, se inizi a dirti "Posso farcela con un po' di pratica" o "Sto migliorando", stai modificando quel film e scrivendone uno nuovo – uno dove sei il protagonista grintoso che continua a lottare.

È interessante notare come anche i sistemi di **credenze** giochino un ruolo enorme. Se sei cresciuto pensando che il talento sia innato e fisso, ti blocchi alla prima difficoltà. Al contrario, se ti hanno inculcato l'idea che col duro lavoro puoi crescere, ogni ostacolo diventa un'opportunità. Un'opportunità per imparare, per crescere. Per sviluppare la mentalità di crescita, devi mettere in dubbio le tue credenze limitanti e aprirti alla possibilità del cambiamento.

Ma come si fa in pratica? Fatti domande diverse. Invece di chiederti perché non riesci in qualcosa, chiediti cosa puoi fare per migliorare. Prendi ogni critica come un consiglio costruttivo. Fatti circondare da persone che credono nel **progresso** e che ti spronano a migliorare.

Immagina la tua mente come un campo fertile. Metti dei semi di curiosità, di voglia di imparare. E ogni volta che fai fatica o fallisci, è come se stessi annaffiando quei semi. Col tempo, vedrai germogliare una pianta forte e rigogliosa. Ogni sforzo, ogni piccola vittoria contribuisce alla crescita.

E non devi dimenticare che anche i piccoli progressi vanno celebrati. Spesso sei troppo concentrato sul risultato finale e non ti rendi conto di quanto hai già ottenuto. Ogni passo avanti è un tassello nel tuo percorso verso la mentalità di crescita.

Quindi, la prossima volta che ti trovi ad affrontare una **sfida**, prova a cambiare prospettiva. Immagina di essere un bambino che impara a camminare. Sì, cadrai. Ma rialzati. Ogni volta che lo fai, diventi un po' più forte, un po' più saggio. Ed è così che, passo dopo passo, sviluppi una mentalità di **crescita**.

In Conclusione

In questo capitolo hai imparato molti **concetti** fondamentali per costruire una forte **tenacia** mentale. Questa guida è stata ideata per aiutarti a capire meglio come controllare le tue **emozioni**, restare impegnato nei tuoi obiettivi e vedere le **sfide** come opportunità di crescita. Ecco un rapido riassunto delle idee chiave trattate:

Hai visto l'importanza della tenacia mentale come capacità di perseverare attraverso le difficoltà mantenendo la concentrazione sotto pressione. Hai esplorato i quattro pilastri della tenacia mentale: controllo, impegno, sfida e fiducia. Hai anche capito la connessione tra la tenacia mentale e la **resilienza** nel raggiungere obiettivi a lungo termine.

Abbiamo definito la resilienza psicologica come capacità di adattarsi e riprendersi dalle avversità. Hai anche scoperto il ruolo del sostegno sociale e dei rapporti positivi nel costruire la **resilienza**.

Questi **concetti** possono avere un grande impatto sulla tua vita. Ora è il momento di prenderli e applicarli nelle tue sfide quotidiane. Ricorda, le difficoltà non devono essere barriere, ma trampolini di lancio verso il **successo**. Approfitta di ciò che hai imparato e continua con determinazione!

Buon proseguimento!

Capitolo 3: Identificare e Superare le Cattive Abitudini

Hai mai pensato a quante delle tue **abitudini** quotidiane possono incidere profondamente sulla tua vita? Beh, in questo capitolo affrontiamo proprio questo. Sono qui per **guidarti** e insieme possiamo smascherare i comportamenti che ti trattengono.

Scommetto che hai delle **routine** che sembrano innocue, ma guarda più a fondo: potrebbe esserci un motivo per cui ti senti stagnare. Immagina scoprire i piccoli nodi che distruggono il tuo **potenziale**, uno dopo l'altro. Ti assicuro che riconoscere questi schemi distruttivi può essere davvero liberatorio.

In questo capitolo, parlo direttamente a te. Ti racconterò come funziona il **ciclo** delle abitudini: quel mix di segnali, comportamenti e ricompense che ti tiene incollato alle vecchie abitudini. Ma non siamo qui solo per parlare dei problemi. No, ti dirò anche come **rompere** questi schemi una volta per tutte.

Vedremo insieme come sostituire quelle abitudini dannose con **scelte** che illuminano la tua giornata. Quando finiremo, ti guiderò attraverso un esercizio pratico di **monitoraggio** delle abitudini. Sarà come mettere il tuo comportamento sotto una lente d'ingrandimento, scoprendo cose di te che forse non avevi mai notato.

Le cattive abitudini non devono governare la tua vita. Sarà un viaggio avventuroso. Sei pronto?

Riconoscere i Modelli Distruttivi

I **modelli** distruttivi sono quei comportamenti ricorrenti che, ripetendosi nel tempo, ti bloccano e ti impediscono di crescere, sia a livello personale che nel raggiungimento dei tuoi obiettivi. Pensa ai meccanismi automatici, alle piccole cose che fai quasi senza pensarci: come scrollare compulsivamente sui social media, anche quando hai altro da fare, o mangiare snack poco salutari ogni volta che sei stressato. Questi modelli sono spesso così radicati in te che diventano parti invisibili della tua routine.

Ma come puoi riconoscerli? Ecco dove entra in gioco la **consapevolezza** di sé. Essere consapevole significa, prima di tutto, osservarti con sincerità. Guarda i tuoi comportamenti. Chiediti: "Ciò che sto facendo mi avvicina o mi allontana dai miei obiettivi?"

Portare alla luce le cattive **abitudini** è quasi come prendere una torcia e andare nei meandri più nascosti della tua mente automatica. E sai qual è la chiave? Capire i fattori scatenanti. Cosa ti porta a scrollare il telefono per ore o a prendere quel pacchetto di patatine? Forse è noia, stress, tristezza. Una volta identificato il trigger, sei a metà strada. Perché? Perché diventi consapevole e, quindi, hai già un po' più di controllo.

Parliamo dei comuni bias cognitivi che alimentano queste cattive abitudini. Quante volte ti trovi a giustificare un comportamento dicendoti: "Giusto altri cinque minuti..." oppure "Lo faccio solo questa volta, non accadrà più". Questi pensieri appartengono al bias della **procrastinazione**. È quel velo che ti copre gli occhi, facendoti credere che domani cambierai, che domani sarà diverso. Ma domani, in fondo, è solo un altro oggi, e così il modello si ripete.

Un altro bias che ti immobilizza è il cosiddetto "effetto costi sommergibili". Sei portato a continuare con un'abitudine negativa solo perché tanto hai già speso tempo e energie in essa. E sì, razionalmente ti dici che fermarti ora significherebbe buttare via tutto... Ma è solo un'illusione.

Ah, e quante volte ti auto-saboti con l'**autogiustificazione**? "Ho avuto una giornata difficile, merito questa ricompensa". E via con l'ennesimo comportamento autodistruttivo, nel nome della momentanea gratificazione. È come cercare di riempire un vuoto con esattamente quella cosa che lo crea.

Infine, c'è il bias della familiarità. Le cose conosciute, anche quando distruttive, ti rassicurano. Pensi: "Almeno so a cosa vado incontro". E così, scegli il prevedibile male, invece di affrontare un **cambiamento**.

So che tutto ciò potrebbe sembrare complesso, ma fatto un passo alla volta, ti può portare a conquiste significative. Ecco la prima mossa utile: prendi nota di questi elementi. Ogni volta che ti trovi invischiato in una cattiva abitudine, annota cosa stavi facendo, come ti sentivi, e qual era la causa scatenante. Con il tempo, inizierai a vedere pattern, e... lì inizia la vera **battaglia**.

La consapevolezza è solo l'inizio, ma resta il passo fondamentale. Senza di essa, non puoi sperare di interrompere quei modelli che sabotano i tuoi veri desideri, sogni e obiettivi.

Comincia a guardarti dentro, chiedendoti perché fai ciò che fai. E verrà il giorno in cui riuscirai a dire "questa volta no".

Pian pianino, rari sussulti si trasformeranno in forti e costanti **autocontrolli**.

Il Ciclo dell'Abitudine: Segnale, Routine, Ricompensa

C'è questa cosa chiamata ciclo dell'**abitudine**. È proprio un modello che spiega come nascono e si mantengono le abitudini. Funziona in tre passaggi: **segnale**, **routine** e **ricompensa**. Molto semplice ma potentissimo.

Per primo c'è il segnale. È un indizio che il tuo cervello riceve e che ti dice di iniziare un comportamento. Come quando senti la sveglia al mattino. Quel suono non solo ti sveglia, ma innesca una serie di comportamenti automatici. E non parlo solo di spegnere la sveglia, ma di tutto ciò che viene dopo. Andare in bagno, lavarti il viso, prepararti per la giornata... tutto parte da un semplice segnale.

Dopo il segnale viene la routine. Questa è la sequenza di azioni che fai senza nemmeno pensarci troppo. È come essere su un pilota automatico. Pensa a quando infili la mano nella scatola dei biscotti ogni volta che guardi la tua serie TV preferita. Quello è esattamente il tipo di routine di cui stiamo parlando e succede a tutti noi, a volte senza che ce ne rendiamo conto.

Infine, c'è la ricompensa. Questo è il pezzo che "premia" il tuo cervello per aver seguito la routine. Tornando ai biscotti, la ricompensa può essere il piacere di mangiare qualcosa di dolce e gustoso. È quel piccolo "premio" che convince il cervello a ripetere lo stesso ciclo, rendendo l'abitudine sempre più radicata.

Una volta che capisci per bene come funziona questo **ciclo**, puoi davvero iniziare a cambiare le tue abitudini, perché sai cosa sta innescando quel comportamento e cosa lo mantiene vivo. Facciamo un esempio. Se ogni pomeriggio ti trovi a prendere una pausa fumo, il segnale potrebbe essere lo stress al lavoro, la routine è fumare una sigaretta, e la ricompensa potrebbe essere il sentimento di rilassamento che ne deriva.

Cambiare un'abitudine? È tutto un gioco di sostituzione degli elementi nel ciclo. Tipo, puoi modificare la tua routine scegliendo una cosa più sana che ti dia ancora una ricompensa piacevole. Invece di una sigaretta, fai una passeggiata veloce o due chiacchiere con un amico (ma più veloce, eh!). L'obiettivo è trovare una routine che offre una ricompensa che funzioni per te, così rompi il vecchio ciclo e ne crei uno nuovo più sano.

Affinché il **cambiamento** sia efficace, serve che tu capisca bene i tuoi cicli di abitudine personali. Dai, non siamo tutti uguali. Magari un segnale che funziona su di me, su di te non ha alcun effetto. Devi quindi prenderti il tempo per osservarti e capire quale segnale innesca quella specifica routine. Poi, pensa a ricompense che ti motivano davvero.

Prova a tenere un **diario**. Tipo, annota quando noti di fare qualcosa in automatico. Scrivi cosa senti prima e quale situazione ti ha innescato. Non è esagerato: è come fare il detective del tuo cervello.

E sì, forse all'inizio sarà un po' faticoso, ma c'è molto da guadagnare dall'aiutare il tuo cervello a instaurare nuovi cicli più sani—come ridurre lo zucchero, smettere di fumare, o aumentare l'esercizio fisico. I cambiamenti, grandi o piccoli che siano, iniziano sempre con la comprensione di come funzioniamo.

Perciò, buona osservazione del tuo **cervello**!

Rompere il Ciclo delle Cattive Abitudini

Quando si tratta di rompere cattive **abitudini**, devi pensare all'interruzione del comportamento. In parole semplici, è come fermare un film a metà—bloccarlo quando stai per fare qualcosa che non vuoi. Questo è il primo passo per **cambiare** quei comportamenti indesiderati. Immagina di trovarti davanti al frigo aperto a tarda notte. Sai che **mangiare** a quell'ora non è la scelta migliore. E se invece di prendere quel dolcetto, chiudessi il frigo e bevessi un bicchiere d'acqua? Hai interrotto l'abitudine.

Parliamo ora dell'importanza di sostituire quelle cattive abitudini con alternative positive. Fermare un'azione non basta, perché probabilmente c'è un vuoto da riempire. Tornando al frigo, invece di prenderti quel pezzo di torta a tarda notte, potresti fare una

passeggiata breve o leggere qualche pagina di un libro. Cose semplici, ma efficaci. È come mettere il turbo alla tua auto quando senti che sta rallentando. Queste nuove azioni non solo interrompono il ciclo delle cattive abitudini, ma ti danno qualcosa di concreto e positivo su cui concentrarti.

Passiamo al ruolo dell'**auto-compassione**. C'è chi pensa che essere troppo duro con se stesso sia l'unica strada per il cambiamento. Però, pensa a quante volte sei caduto perché avevi già sbagliato e sei stato troppo severo con te stesso. Il segreto sta nel trattarti con gentilezza quando inciampi. Commettere errori è parte del percorso—niente di tragico. Per esempio, se rompi la promessa di non mangiare quel dolce a tarda notte, non picchiarti (metaforicamente parlando)! Datti un pizzico di compassione, riconosci che hai sbagliato, e riprova.

Agendo con auto-compassione, aumenti la tua **resilienza**. Siamo umani, e i cambiamenti richiedono tempo. Più riesci a perdonarti e rialzarti dopo un errore, più diventi forte nel rompere quei cicli di cattive abitudini. Pensa a quante volte un bambino cade prima di imparare a camminare—eppure, non si arrende.

Nascondersi dietro emozioni negative, come la **vergogna** o la colpa, serve solo a peggiorare la situazione. Cerca di essere il tuo cheerleader invece del tuo peggior critico. Sentiti fiero delle piccole vittorie e continua a puntare al cambiamento, un passo alla volta.

Allora, rallentiamo un attimo... Iniziare il cammino non è sempre lineare e senza intoppi, ma mescolando la giusta dose di auto-compassione, interrompendo le cattive abitudini, e sostituendole con azioni positive, avrai in mano la chiave per rompere quel ciclo. Dai, ce la puoi fare!

Sostituire i Comportamenti Negativi con Quelli Positivi

Allora, parliamo un po' della **sostituzione** delle abitudini. È una strategia efficace per rimpiazzare quei comportamenti che proprio non ti piacciono. Sai, il trucco sta nel prendere una cattiva abitudine e piantarci sopra una buona. In parole povere, è come se non facessi spazio solo nella tua mente, ma pure nella tua routine quotidiana. Praticamente, invece di togliere qualcosa e lasciare un vuoto, aggiungi qualcosa di buono per riempire quel posto.

Perché funziona? Eh, facile a dirsi. Il nostro cervello odia i vuoti, quindi se togli solo un'abitudine senza pensare a cosa mettere al suo posto, è probabile che torni a quella vecchia. Ma se invece hai un piano - tipo rimpiazzare l'abbuffarsi di dolci con una passeggiata - stai già rincanalando quell'energia da qualche parte. Non lasci spazi vuoti, capisci? È tutta una questione di **abitudine**, e il nostro cervello si abitua a tutto.

È importante allineare queste nuove abitudini con i tuoi **valori** e obiettivi a lungo termine. Eh sì, è fondamentale. Se una nuova abitudine non ti fa sentire in pace con te stesso, sarà dura mantenerla. Per esempio, se il tuo valore principale è la salute e vuoi perdere peso, devi scegliere qualcosa che rifletta quel valore. Tipo, non ha senso cercare di smettere di mangiare troppo se poi andrai a fumare per calmare i nervi. La sostituzione dev'essere coerente con chi sei e con cosa vuoi davvero raggiungere nella vita.

Ma come trovi queste abitudini giuste, allineate ai tuoi obiettivi? Eh, è un lavoro interno direi. Hai bisogno di fare una bella **riflessione** su te stesso. Chiediti: cosa è davvero importante per me? Cosa mi fa sentire autenticità e soddisfazione? Una volta che hai queste risposte, diventa molto più semplice scegliere le giuste attività per sostituire le abitudini negative.

Ora, il **design ambientale** può fare miracoli per sostenere questo processo. In che senso? Beh, pensa al tuo spazio in casa o in ufficio. Se stai cercando di leggere di più e di passare meno tempo sui social, metti i libri in posti visibili - sul tavolo, vicino al letto, in bagno persino. E sposta il telefono in un cassetto. L'idea è rendere le nuove abitudini facili e accessibili.

Esempio pratico: se vuoi smettere di mangiare snack poco sani, assicurati che a portata di mano ci siano sempre frutta fresca e noci. E metti via quelle patatine in alto, lontano dalla tua vista. Se il cambio è fisico, il tuo cervello si abituerà pian piano a preferire le nuove opzioni.

Piccoli **cambiamenti** nell'ambiente possono avere un impatto grande sulle tue abitudini. Voglio dire, se non vedi qualcosa, non la pensi così spesso. E se, al contrario, hai spesso sotto gli occhi la nuova abitudine che vuoi adottare, alla fine diventerà una parte naturale della tua routine. Semplice, no?

Insomma, ripensa i tuoi **spazi** per incoraggiare il cambiamento positivo che desideri. Le abitudini sono un po' come i fiori - hanno bisogno di un ambiente giusto per crescere. Se getti i semi sulla roccia, non cresceranno mai. Allestisci il tuo ambiente, cura i dettagli, e vedrai che quei nuovi **comportamenti** positivi avranno vita facile. Buona fortuna!

Esercizio Pratico: Monitoraggio e Analisi delle Abitudini

Vuoi **smettere** di mangiare troppi snack durante il giorno? Bene, cominciamo dalle basi. Per prima cosa, **identifica** una cattiva abitudine che desideri cambiare. Scegli qualcosa di specifico e facile da monitorare. Mangi troppo cioccolato? Ti mordi le unghie? Guardi troppa TV? Decidi su cosa vuoi concentrarti.

Fatto questo, passa alla fase successiva: **registra** le occasioni in cui si verifica l'abitudine per una settimana, annotando l'ora, il luogo e lo stato d'animo. Usa un quaderno o una semplice app sul telefono.

Ogni volta che mangi uno spuntino fuori orario, scrivilo. Segna l'ora, dove ti trovavi e come ti sentivi. Triste? Annoiato? Stanco?

Dopo sette giorni, avrai una piccola raccolta di dati. Ora arriva il momento di **analizzare** questi dati per identificare i modelli nei trigger e nei contesti. Noti che afferri il cioccolato ogni volta che sei stressato al lavoro? O magari sgranocchi qualcosa sempre verso le tre del pomeriggio, quando l'energia cala? Trovare questi schemi ti aiuta a capire meglio quando e perché scatta l'abitudine.

A questo punto, **determina** il bisogno o la ricompensa sottostante che l'abitudine soddisfa. Identifica cosa ottieni da questa abitudine. È una distrazione veloce? Ti dà un piccolo momento di piacere? Nei momenti di stress, una piccola pausa?

Ora che hai capito la radice del problema, è il momento di pensare a delle **alternative** positive che potrebbero soddisfare lo stesso bisogno. Se mangi snack per distrarti, forse una breve passeggiata potrebbe fare al caso tuo. O potresti dedicarti a una rapida sessione di stretching. Se è una questione di energia pomeridiana, un frutto fresco invece di biscotti potrebbe essere la soluzione.

Una volta individuata l'alternativa positiva, **crea** un piano d'azione per mettere in pratica il comportamento alternativo scelto. Scrivi come intendi farlo, sii specifico. Magari ti impegni a fare una pausa caffè lontano dalla scrivania o a sostituire lo snack con una mela. Aggiungi un promemoria sul telefono se può aiutarti.

L'intero esercizio si conclude con il **monitoraggio** dei progressi e l'aggiustamento del piano secondo necessità nel mese successivo. Non sempre funziona subito, ed è importante correggere il tiro. Se noti che l'alternativa scelta non risolve proprio il problema, prova qualcos'altro. Vuoi un'altra opzione? Parlane con un amico o scrivilo in un diario. Magari tenere nota dei successi e delle difficoltà ti aiuta a regolarti meglio.

Quindi, fare piccoli passi, annotare, valutare e correggere il tiro è la chiave. Niente di complicato. Meglio concentrarsi su un'abitudine alla volta. Sì, richiede un po' di tempo e forse qualche sforzo. Ma ehi, ne vale la pena! Così, seguendo questi semplici passaggi, puoi piano piano cambiare davvero quelle abitudini che proprio non ti vanno giù.

In Conclusione

Questo capitolo ti ha insegnato tanto su come **riconoscere** e **superare** le cattive abitudini. Attraverso una visione chiara e pratica, hai capito che il **cambiamento** di abitudini non è solo possibile, ma anche raggiungibile con le giuste strategie. Dai un'occhiata ai punti salienti:

Devi saper riconoscere i comportamenti distruttivi: identifica quelle azioni ricorrenti che ostacolano la tua crescita e il raggiungimento dei tuoi obiettivi.

La **consapevolezza** di te stesso è fondamentale: capisci come le tue abitudini negative nascano spesso da specifici trigger e comprendi l'importanza di individuare questi inneschi.

È essenziale capire il loop dell'abitudine: scopri che le abitudini seguono un modello preciso fatto di stimolo, routine e **ricompensa**, e come questo ciclo possa essere spezzato.

Non dimenticare il ruolo della **compassione** verso te stesso: ci sono momenti di difficoltà nel cambiare abitudini ed è essenziale trattarti con gentilezza e non scoraggiarti.

Un esercizio pratico utile è **monitorare** e analizzare le abitudini: un'attività concreta per vedere come si manifestano certe abitudini e trovare alternative positive per sostituirle.

Quindi, metti in pratica quello che hai imparato oggi. Inizia ad **osservare** le tue abitudini e prova a modificarle per creare una versione migliore di te stesso. Ricorda, il cambiamento comincia con piccoli passi ma può portarti lontano!

Capitolo 4: Resistere alle Tentazioni in Modo Efficace

Hai mai sentito che la **tentazione** può essere irresistibile, come una torta al cioccolato appena sfornata che ti chiama dal frigo? Beh, ti capisco, ci sono passato anch'io. In questo capitolo, ti porterò in un viaggio dove scoprirai come domare quelle **voglie** che ti fanno sentire in colpa dopo aver ceduto. Non ti prometto che sarà facile, ma sarà senz'altro illuminante.

Quando parliamo di tentazioni, voglio farti vedere che non devi essere vittima dei tuoi **impulsi**. Sai, hai il potere di esercitare un controllo maggiore di quanto pensi. Tutto inizia con la comprensione della natura delle tentazioni. A volte, solo capire cosa sta succedendo nella tua testa può fare la differenza.

E come posso io resistere e tu no? Con alcune **strategie** per il controllo degli impulsi che possono sembrare semplici, ma quando le metti in pratica... accidenti! Cambiano tutto. Imparerai anche tecniche di **gratificazione** ritardata che, proprio come il nome suggerisce, ti insegnano a essere paziente (sì, anche quando tutto il tuo essere grida – adesso!).

Poi, parleremo anche di come progettare l'**ambiente** intorno a te in modo da migliorare la tua resistenza alle tentazioni. Infine, faremo anche qualche **esercizio** pratico che ti aiuterà davvero a metterti alla prova. Fidati di me, leggendo questo capitolo, andrai avanti con una nuova **prospettiva**. Sei pronto a sfidare te stesso per diventare più forte?

Comprendere la natura delle tentazioni

Capire come funzionano le **tentazioni** e il loro effetto sul nostro processo decisionale è come uno strumento nelle tue mani. Le tentazioni sono come quelle sirene maledette che cantano per attirarti fuori rotta. Succede qualcosa nel tuo cervello e bam — eccoti lì, indeciso se resistere o cedere.

Ma come fanno? Beh, il tuo cervello è una macchina complessa. Quando ti trovi di fronte a una tentazione, il cervello immagina il **piacere** che proverai se cedi. Questo piacere anticipato arriva dalla **dopamina**, una sostanza chimica che ti dà quella spinta di felicità momentanea. È come quando ero piccolo e vedevo quella fetta di torta al cioccolato — sapevo che dovevo resistere, ma la mia mente la vedeva soltanto come pura gioia.

La dopamina, in pratica, ti inganna. Ti fa credere che cedere alle tentazioni sia il percorso per la **felicità**. In un certo senso, è come avere un amico impiccione che ti dice di fare qualcosa che, alla fine, sai che non ti farà bene. E così ogni volta che cedi, la tua dopamina viene stimolata ancora più forte. È quasi come crearti una piccola prigione dove ogni sconfitta rende la prossima più difficile da evitare.

Ma come puoi individuare i tuoi **trigger** personali e i modelli di vulnerabilità? Pensa a quando sei più propenso a cedere. Ecco alcuni esempi pratici:

• **Stress:** Generalmente sei al lavoro, sotto pressione, e la tua mente ti dice che mangiare del cibo spazzatura ti farà stare meglio.

• Noia: Nessuna cosa da fare... Perché non fai scorrere i social media per un po' invece di fare i compiti?

- Felicità: Sì, anche la felicità. Hai avuto una bella notizia e senti che meriti una piccola "ricompensa."

Identificare queste situazioni è come avere una mappa dei terremoti che ti dice dove è più probabile che il terreno tremi sotto ai tuoi piedi. Una volta identificate le situazioni critiche, puoi prepararti per affrontarle. Magari evitare certe situazioni quando sai che sei più vulnerabile, oppure tenere a portata di mano **alternative** che non ti faranno sentire come se stessi cedendo. Tipo, riempio la scrivania di frutti e noci quando so che lo stress mi colpirà duro al lavoro.

Penso che resisti meglio quando conosci i tuoi **demoni** interiori. È come provare simpatia per un vecchio nemico perché, conoscendolo così bene, sai prevedere i suoi attacchi. Non c'è niente di più frustrante di sentirsi sopraffatti dalle tentazioni e non capire perché. Ma con un po' di **autoconsapevolezza** e strumenti pratici, puoi cambiare la tua reazione e diventare padrone del tuo destino.

Strategie per il Controllo degli Impulsi

Parliamo delle **intenzioni di implementazione**, un nome un po' pomposo ma semplice nelle sue basi. Sostanzialmente, è un modo per pianificare la tua azione in risposta a un impulso. Tipo, "se ti viene voglia di rovistare nel frigo, berrai un bicchiere d'acqua" o "quando senti il desiderio di controllare i social, leggerai per cinque minuti". È una formula che ti aiuta a spezzare la catena degli impulsi—così sei pronto a reagire in modo desiderato.

Ma come capisci quando effettivamente hai un **impulso**? Qui entra in gioco l'**autoconsapevolezza**. Essere proattivo e riconoscere precocemente le voglie è metà del lavoro fatto. Quando diventi capace di notare i primi segnali, come una piccola tensione o un pensiero che spunta, sei già sulla buona strada. Immagina la scena: senti la tentazione di procrastinare. Pensi, "mah, dovrei fare qualcos'altro", e in quel preciso momento, lo riconosci come un impulso. Praticare l'autoconsapevolezza è come allenare un muscolo—più lo fai, più diventa forte.

E poi c'è la tecnica del "**surf delle voglie**". Ascolta bene: pensa ai tuoi desideri come onde. Non devi combatterli, ma nemmeno assecondarli. Cavalcali. Quando avverti un impulso, invece di agire subito, fai un respiro profondo, prova a sentire l'impulso crescere dentro di te, osservalo... quasi come se fossi uno spettatore. Lascia passare il picco della tentazione senza cedere. Può suonare strano, ma funziona.

Immagina di essere in coda al supermercato e davanti a te c'è una pila di cioccolata. Senti un'irrefrenabile voglia ma poi, anziché comprare il cioccolato, inizi a osservare quel desiderio con curiosità. Pensi a quando hai avvertito queste sensazioni prima e come dopo magari non ti sentivi tanto meglio per aver ceduto. Piano piano, l'impulso si affievolisce e ti accorgi che, dando tempo alla tua mente di processare il desiderio senza reagire subito, riesci a non cadere nelle **tentazioni**. In pratica, stai surfando sulla voglia.

Ora, queste **strategie** non eliminano le tentazioni—non esiste una bacchetta magica per questo—ma ti aiutano a gestirle meglio. È come tenere in mano un telecomando universale per i tuoi impulsi. Costruisci il tuo piccolo arsenale, padroneggia queste tecniche e con il tempo noterai che certi desideri perderanno sempre più presa su di te. Facile, no?

Basta usare le intenzioni di implementazione, un po' di autoconsapevolezza per anticipare le voglie, e un tocco di surf delle voglie, ed ecco che passi da reazione istintiva a **scelta consapevole**.

Tecniche di Gratificazione Ritardata

Hai mai sentito parlare dello **sconto temporale**? In pratica, si tratta di come valuti una ricompensa in base al tempo che ci vuole per ottenerla. Le ricompense immediate sembrano sempre più attraenti rispetto a quelle future, anche se queste ultime potrebbero essere molto più grandi. Pensaci... la maggior parte di noi preferisce una piccola gratificazione ora piuttosto che una più grande dopo. È come scegliere una caramella oggi invece di un banchetto completo tra una settimana.

Prendi ad esempio la **dieta**. Sai che un pezzo di torta al cioccolato sembra irresistibile adesso, ma il tuo futuro io ti ringrazierà per aver mangiato le verdure. Il trucco è imparare a riformulare quella voglia immediata pensando alle conseguenze a lungo termine. Come? Prova a immaginare che ogni piccola scelta di oggi abbia un impatto sulla grande figura del domani.

Immagina di essere a una festa: il piacere immediato di ballare fino a tardi potrebbe comportare una stanchezza incredibile al lavoro il giorno dopo. Ma se ti ricordi che restare un po' più sano oggi significa sentirti molto meglio domani, quella voglia di non andartene potrebbe svanire... o almeno diminuire. Capito? Si tratta di cambiare **obiettivo** e vedere il quadro complessivo piuttosto che la piccola foto di oggi.

Un'altra tecnica potente è **visualizzare** il tuo "futuro sé". Pensa a te stesso tra un anno, cinque anni, o anche dieci anni. Chiediti: quel sé che vedi ora è felice delle scelte che stai facendo oggi? Questo trucco funziona perché ti obbliga a pensare alle conseguenze delle tue azioni. Vuoi essere una persona che ha fatto i sacrifici oggi per ottenere il massimo domani? O preferisci essere qualcuno che rimpiange tutte le indulgenze passate?

Visualizzare il tuo obiettivo a lungo termine, come il fisico perfetto, il successo professionale o la pace mentale, può aiutarti a rimanere concentrato. Mentre navighi tra le tentazioni quotidiane, tenere questi **obiettivi** in mente può rendere quella ciambella meno appetitosa, o quel pulsante di "continua a guardare" su Netflix meno attraente.

Ora, potresti trovare utile usare vere e proprie immagini. Metti una foto del tuo ideale futuro sé sul frigo o sulla tua scrivania. Oppure prova a parlare direttamente con il te del futuro e immagina cosa direbbe sulla gestione delle tentazioni di oggi. Insomma, crea una sorta di legame emotivo e visivo con quel sé futuro. Ti aiuterà a mantenerti sulla strada giusta... anche quando sembri tentato di deviare.

E non dimentichiamo la lotta quotidiana con cose come la pigrizia o le distrazioni. Utilizzare una breve immagine mentale del te stesso ideale prima di fare qualsiasi scelta può essere lo **spunto** necessario per resistere. Questo crea una spinta psicologica per il cambiamento reale, anche nelle attività più piccole della tua giornata.

In definitiva, imparare a restituire valore alle ricompense a lungo termine e visualizzare il tuo sé futuro è decisivo per sviluppare la tua abilità di **gratificazione ritardata**. E sì, richiede pratica, ma una volta che avrai acquisito disciplina... sarà come avere un superpotere per la tua autodisciplina.

Come sei riuscito ad arrivare fino a qui? Ricordati bene: tutto inizia con la resistenza alle piccole cose. E quello, amico mio, è il segreto della **gratificazione ritardata**.

Design ambientale per la resistenza alle tentazioni

Allora, parliamo del concetto di **architettura delle scelte**. È un termine che sembra complicato, ma in realtà è piuttosto semplice. Immagina che le tue decisioni quotidiane siano influenzate dall'ambiente circostante. Ecco, l'architettura delle scelte fa proprio questo: struttura l'ambiente per aiutarti a scegliere meglio e a ridurre l'esposizione alle **tentazioni**.

Ora che hai capito cosa significa, vediamo come puoi creare **ambienti**, sia fisici che digitali, che supportano comportamenti autodisciplinati. La tua casa è un ottimo punto di partenza. Ad esempio, vuoi ridurre il tempo davanti alla TV? Bene, puoi spostare il telecomando in un posto meno accessibile o sostituire la posizione della TV con quella di una libreria. Certo, suona un po' come un gioco di manipolazione mentale, ma funziona!

Vuoi mangiare meno schifezze? Allora, evita di tenerle in casa. Invece di comprarle, riempi la tua dispensa con cibi sani. Anche piccoli cambiamenti come sistemare la frutta sul tavolo invece che in un cassetto nascosto possono fare la differenza.

E come possiamo dimenticarci degli ambienti digitali? Ricordi tutte quelle notifiche di Facebook, Instagram e Snapchat che ti distraggono? Puoi disattivarle. Questo ti aiuterà a rimanere **concentrato** senza scorrere continuamente durante il lavoro.

Quanto è importante il principio "lontano dagli occhi, lontano dal cuore"? Tanto. Più riesci a ridurre l'**esposizione** visiva, meno sarai tentato. Ad esempio, se sai di essere attratto dai dolci, non comprarli al supermercato. Se non li vedi, non ti verrà nemmeno in mente di cercarli. Allora, diventa più facile resistere.

Allo stesso modo, se hai la tendenza a procrastinare sui social media, puoi spostare le app in cartelle sulla terza o quarta schermata del tuo telefono. Suona banale, ma questa piccola barriera spesso è sufficiente per rendere più evidenti altre opzioni meno tentatrici.

E sì, il principio funziona anche sul luogo di lavoro. Se sei solito perdere la **concentrazione**, prova a organizzare la tua scrivania in modo minimalista con solo ciò che ti serve per lavorare. Avere meno distrazioni fisiche può aiutare il tuo cervello a mantenersi focalizzato sulle attività importanti.

Cambi di disposizione possono sembrare piccoli, ma possono davvero aiutare a evitare le vecchie **abitudini**. Ad esempio, se il tuo obiettivo è leggere di più, mettiti un libro sul comodino invece di lasciare il telefono lì. Piccoli cambiamenti come questi possono contribuire moltissimo nel lungo termine.

Quindi, ecco qualche strategia. Inizia con cose semplici, tipo cambiare qualche abitudine nella dispensa o riorganizzare le tue applicazioni. Con il tempo, noterai che resistere alle **tentazioni** diventerà sempre più facile.

Esercizio Pratico: Esposizione alla Tentazione e Prevenzione della Risposta

Identifica una specifica **tentazione** che vuoi resistere. Dai, sul serio, prenditi un momento per pensarci. Cos'è quella cosa che proprio non riesci a evitare? Cioccolato? Controllare continuamente il telefono? Bere alcool? Ecco, proprio questo. Se non scegli una specifica tentazione il resto dell'esercizio non funzionerà.

Ora, crea un ambiente controllato dove ti esponi alla tentazione. Non significa gettartici sopra, tranquillo. Imposta una situazione dove ti trovi di fronte a quella tentazione, ma in modo che puoi monitorare il tuo **comportamento**. Ad esempio, se il tuo problema è il cioccolato, tienilo sulla scrivania mentre lavori, invece di nasconderlo nell'armadio.

Osserva consapevolmente i tuoi **pensieri** e le sensazioni fisiche senza agire su di essi. E qui arriva la parte difficile. Devi restare presente e osservare cosa succede nel tuo corpo e nella tua mente. Sentirai quel formicolio nelle dita, o magari un nodo nello stomaco. La tua mente cercherà mille scuse per farti cedere. Rilassati e limitati a osservare, come se fossi uno spettatore.

Usa tecniche di **respirazione** profonda o distrazione quando le voglie diventano forti. Ah, il momento delle difficoltà. Quando senti che non ce la fai più, prendi un bel respiro profondo, inspirando dal naso e espirando lentamente dalla bocca. Ripeti finché non ti senti un po' più calmo. Se la respirazione non basta, prova a distrarti con qualcos'altro, magari una breve passeggiata o ascoltando la tua canzone preferita.

Aumenta gradualmente il tempo di **esposizione** nelle sessioni successive. Non puntare subito alla maratona. Parti con pochi minuti, cinque per esempio. La volta successiva aumenti a dieci. L'obiettivo è abituarti a quella sensazione di tentazione senza cedere, in modo progressivo e senza fretta.

Registra le tue **esperienze** e le strategie che hanno funzionato meglio per te. Prendi un quaderno e scrivi cosa hai provato, cosa hai pensato, e cosa ha funzionato per resistere. Questo ti aiuterà a capire meglio i tuoi meccanismi interni e a trovare le tattiche più efficaci.

Rifletti sui tuoi **progressi** e aggiusta il tuo approccio secondo necessità. Questo esercizio è un continuo lavoro in progress. Dopo ogni sessione, prenditi il tempo per riflettere su come è andata. È servito a qualcosa la respirazione profonda o era meglio distrarsi subito con altra attività? Non serve flagellarsi se non è andata come speravi, piuttosto concentra l'energia nel capire cosa può funzionare la volta successiva.

È un impegno, ma è un **investimento** su te stesso e sulla tua capacità di resistere alle tentazioni. Nessuno dice che sarà facile, ma un passo alla volta, con consapevolezza e strategia, si possono ottenere miglioramenti tangibili. Anch'io ci sto lavorando, quindi posso capire quanto sia difficile certi giorni. Ma sei armato di strategie concrete e già questo ti mette in vantaggio. Provare per credere!

In Conclusione

Durante questo capitolo, hai imparato diverse **strategie** su come resistere efficacemente alle **tentazioni**. Proprio come un atleta si allena per migliorare le proprie capacità, puoi applicare i concetti che hai letto per rinforzare la tua **autodisciplina** e raggiungere i tuoi **obiettivi**.

In questo capitolo hai visto l'importanza di capire i meccanismi psicologici delle tentazioni, il modo in cui la **dopamina** rinforza le tentazioni, come identificare i tuoi particolari trigger e vulnerabilità, il potere delle intenzioni di attuazione per controllare gli **impulsi**, e tecniche per usare la gratificazione ritardata a tuo vantaggio.

Ricorda, ogni sforzo conta e ogni passo avanti ti avvicina ai tuoi obiettivi. Applica questi **insegnamenti** nella tua vita quotidiana e osserva come la tua crescente **disciplina** ti aiuti a resistere alle tentazioni, migliorare le tue abitudini e costruire un futuro migliore fin da adesso.

Dai, mettiti alla prova! Vedrai che con un po' di impegno e costanza, riuscirai a gestire le tue tentazioni come un vero campione. Non mollare mai, anche quando la strada sembra in salita. Ricordati che ogni piccola vittoria è un passo verso il tuo successo personale. Forza e coraggio!

Capitolo 5: Definizione e Raggiungimento degli Obiettivi

Ti sei mai chiesto perché **raggiungere** i tuoi obiettivi a volte sembra così difficile? Beh, io sì. E con questo capitolo, voglio svelare quei **segreti** nascosti che spesso rendono tutto più complicato di quanto non debba essere. Immagina poter trasformare quei grandi **sogni** in realtà, semplicemente utilizzando un approccio chiaro e mirato.

In questo capitolo, esploreremo insieme un mondo di possibilità. Ti guiderò passo dopo passo verso una **metodologia** che non solo promette di cambiare il tuo modo di vedere i tuoi obiettivi, ma anche di realizzarli concretamente. Parleremo di come allineare le **ambizioni** alle tue vere intenzioni, di sciogliere nodi apparentemente inestricabili, e di come fare piccoli passi che si sommano a risultati straordinari.

Ti mostrerò come ogni **ostacolo** può diventare una semplice deviazione e non una muraglia invalicabile. Ci sarà anche un esercizio pratico - lo faremo insieme - per creare una mappa dei tuoi obiettivi, una sorta di guida personale per non perderti lungo il cammino.

Questo è il momento giusto per prendere il **controllo** dei tuoi sogni e iniziare a dirigerti verso traguardi fantastici. Sei pronto a scoprire come? Allora andiamo avanti, sarà un'avventura entusiasmante!

Framework degli Obiettivi SMART

Allora, cominciamo a parlare della **specificità**. Quando imposti degli obiettivi, è proprio qui che devi mettere a fuoco tutti i dettagli. Non basta dire "voglio essere in forma" o "voglio risparmiare". Devi specificare cosa significa veramente per te. Vuoi perdere dieci chili? Vuoi economizzare 500 euro al mese? Più specifico è il tuo obiettivo, più chiaro sarà il percorso da seguire e, di conseguenza, sarai più **motivato** a raggiungerlo. L'idea è di avere una visualizzazione precisa di ciò che desideri. Perché, diciamocelo, se sai esattamente cosa vuoi, diventa molto più semplice pianificare come arrivarci.

Passiamo agli obiettivi **misurabili**. Che senso avrebbe impostare un obiettivo se non puoi capire se lo stai raggiungendo? Misurare i tuoi progressi ti dà quella spinta in più per continuare. Puoi guardare i numeri e vedere quanto ti stai avvicinando al traguardo. Immagina di voler correre una maratona. Registrare quanti chilometri corri ogni settimana ti permette di vedere i miglioramenti e mantenere lo slancio. È un po' come avere un misuratore di benzina per il tuo viaggio. Ti dice quanta energia hai messo nel progetto e quanto ne serve ancora per arrivare.

Ora parliamo della tecnica della **pianificazione** a ritroso. Questo è un vero trucco se vuoi essere sicuro di raggiungere i tuoi obiettivi entro una determinata scadenza. Si tratta di prendere quel grande obiettivo finale e spezzettarlo in piccoli passi che puoi intraprendere quotidianamente, settimanalmente o mensilmente. Da qui, inizi al contrario. Guardi la data finale e lavori a ritroso, pianificando ogni fase lungo il percorso. Così puoi distribuire lo sforzo in modo più gestibile e programmato. E la cosa bella è che così riesci a evitare l'ansia da scadenze. Ad esempio, se vuoi scrivere un libro entro sei mesi, cominci pianificando quanti capitoli devi scrivere ogni mese, settimana, giorno...

Insomma, il processo di impostare obiettivi specifici, misurabili e pianificati al contrario è fondamentale per assicurarti di essere sempre sulla buona strada. La specificità ti dà la **direzione**, la misurabilità ti fornisce il **feedback**, e la pianificazione a ritroso ti garantisce chiarezza e organizzazione. Non ti lima solo il cammino, ma ti aiuta a evitare i bivi inutili e gli ostacoli imprevisti. Più pensi ai dettagli, più agevole sarà il viaggio verso il raggiungimento dei tuoi obiettivi.

E la soddisfazione di vedere i tuoi progressi concretizzarsi davanti ai tuoi occhi? Beh, quella è impagabile. Ti incita a spingerti oltre, a migliorare ogni giorno. Man mano che vedi le tue piccole vittorie accumularsi, l'obiettivo finale non sembra più così irraggiungibile. E prima che te ne accorga, ci sei proprio sopra. È questo il **potere** degli obiettivi SMART che capiamo oggi.

Allineare gli Obiettivi con i Valori Personali

Hai mai sentito parlare dell'impostazione degli **obiettivi** basata sui valori? Ok, può sembrare un po' filosofico. Ma è semplice. Funziona così: quando i tuoi obiettivi sono legati ai tuoi **valori** personali, è più facile mantenerli. Ti senti più **motivato** dall'interno, non perché qualcuno ti dice che dovresti farlo. E questa motivazione intrinseca è potente.

Partiamo dalla valutazione dei tuoi valori. Prenditi un momento. Pensa a ciò che è veramente importante per te. Non parliamo del lavoro o delle cose materiali. Parliamo dei principi profondi. Tipo... autenticità, rispetto, libertà, famiglia. È utile fare una lista. Cosa conta davvero nella tua vita? Cosa ti fa sorridere al mattino?

Una tecnica per identificare i tuoi valori è riflettere sui momenti della tua vita in cui ti sei sentito veramente felice e soddisfatto. Cosa stavi facendo? Con chi eri? Perché quel momento era speciale?

Scava in profondità - beh, non eccessivamente - solo quel tanto che basta per capire quali **emozioni** e valori c'erano dietro quei momenti.

Una volta che hai chiarito i tuoi valori, possiamo passare alla "matrice di allineamento valori-obiettivi". Sì, sembra complesso, ma fidati, è facile da fare e super utile! Come si fa? Disegna una tabella con due colonne. Nella colonna sinistra, elenca i tuoi valori principali. Nella colonna destra, scrivi i tuoi obiettivi. Per esempio, se uno dei tuoi valori è la "**salute**" e un tuo obiettivo è "perdere 10 kg", sei già sulla buona strada. Se invece hai un obiettivo come "guadagnare una promozione" ma uno dei tuoi valori è "equilibrio vita-lavoro," beh, forse c'è qualcosa da sistemare. La tua missione è cercare di far coincidere ogni valore con almeno uno o più obiettivi.

Facciamo un esempio concreto. Supponiamo che uno dei tuoi valori sia "**resilienza**." Tu potresti avere un obiettivo tipo "completare una maratona." Perfetto. Ma cosa succede se il tuo obiettivo è lavorare 80 ore a settimana? Eh... forse è il momento di ritoccare quell'obiettivo per allinearlo meglio con il tuo valore di "resilienza" che implica anche prendersi cura di sé.

Ah, un altro aspetto importante. Man mano che imposti i tuoi obiettivi, è bene chiederti: "Questo obiettivo rispecchia chi sono davvero?" o "Mi renderà **felice** e soddisfatto nel lungo periodo?" Se la risposta è sì, bingo! Altrimenti, forse dovresti ricalibrare.

Per concludere questo viaggio nella tua testa, seguire i tuoi valori ti permette di vivere una vita più **autentica** e meno stressante. Non significa che sarà tutto rose e fiori, ma almeno viaggerai verso una destinazione che è davvero tua e non imposta da pressioni esterne. E questo basta per le cose rilevanti nel sistema delle emozioni derivate dalle azioni introspettive.

Scomporre gli obiettivi a lungo termine in passi concreti

Parliamo di **gerarchie degli obiettivi**. Sì, probabilmente suona un po' tecnico, ma è davvero più semplice di quanto pensi. Immagina di dover raggiungere una vetta alta. Non ci arrivi direttamente, vero? Ci sono tappe intermedie da superare prima di arrivare alla cima. È la stessa cosa con gli **obiettivi a lungo termine**. Creare una gerarchia significa suddividere quell'obiettivo gigante in tanti piccoli pezzi – delle tappe, appunto – che sono più gestibili. E queste tappe fanno una cascata di passi più piccoli, che puoi affrontare uno per uno.

Ma come fai a creare questa gerarchia degli obiettivi? Guarda, è come costruire una mappa del tesoro. Prima segni il punto di partenza, poi il traguardo finale e, in mezzo, tutti i piccoli traguardi che ti avvicinano alla meta. Per esempio, se il tuo obiettivo principale è perdere 10 chili in un anno, puoi segnare dei punti intermedi come 1 chilo al mese. Ogni mese sarà un piccolo successo da festeggiare, e sentirai che stai facendo progressi reali.

Ora, passiamo alla **struttura di scomposizione** degli obiettivi. In pratica, è un modo carino per dire "fare una lista delle cose da fare". Inizia con il tuo grande obiettivo a lungo termine. Poi suddividilo in sotto-obiettivi più piccoli e più specifici. Ogni sotto-obiettivo rappresenta un traguardo chiave. E ogni traguardo è composto da compiti più specifici, come piccoli gradini di una scala.

Facciamo un esempio. Mettiamo che tu voglia scrivere un libro in un anno. Questo è l'obiettivo gigante. Ora, come lo scomponi? Potresti dividere le attività tipo così:

• Fase di ricerca: leggere libri simili, fare interviste, raccogliere dati.

• Stesura della bozza: scrivere un capitolo al mese.

- Revisione: rileggere e modificare i capitoli durante l'ultimo trimestre.

Vedi come molti piccoli traguardi si sommano per realizzare l'obiettivo grande e complesso della pubblicazione di un libro? Questo metodo ti aiuta a restare orientato e ti motiva perché noti i progressi fatti.

E qui entra in gioco la tecnica del "**90-day sprint**". È come fare delle maratone più brevi per non perdere slancio. Invece di pensare all'obiettivo annuale, focalizzati su uno più piccolo che puoi realizzare in 90 giorni. Questo ti assicura di restare concentrato e di mantenere l'energia alta. Ogni 90 giorni, imposta un nuovo traguardo e rivedi i tuoi progressi. È sorprendente, ma ti accorgi davvero di quanto riesci a fare quando ti poni delle mini-sfide come queste.

Quando inizi un 90-day sprint, prendi un obiettivo specifico da quella lista di sotto-obiettivi e dedicaci anima e corpo per 90 giorni. Scrivi chiaramente cosa vuoi raggiungere, i motivi per cui è importante, e le attività giornaliere o settimanali per farlo diventare realtà. Tieni traccia giornalmente dei tuoi progressi: prendi nota dei successi piccoli e raffina di continuo il tuo approccio. Questo non solo ti aiuta a restare **motivato**, ma rende tutto meno ingombrante e più... raggiungibile.

Quindi, la prossima volta che ti senti sopraffatto da un grandissimo obiettivo a lungo termine, ricorda questi **passaggi** e dividi tutto in tappe gestibili. Prendi ogni traguardo importante come sfida da 90 giorni. È incredibile quanto più semplice sembri tutto quando lo affronti un pezzetto alla volta.

Superare gli Ostacoli nel Perseguimento degli Obiettivi

Sai quanto è **importante** capire e anticipare gli ostacoli che potresti incontrare mentre persegui i tuoi **obiettivi**? È come prepararsi a una gita in montagna. Devi sapere quali sentieri sono più facili, dove potrebbero esserci ponti rotti o tratti scivolosi. Insomma, prevenire è meglio che curare.

Riconoscere potenziali ostacoli ti aiuta a non sentirti spiazzato quando una **sfida** si presenta. Sembra banale, ma dire "me l'aspettavo" fa decisamente meno male. Sei pronto mentalmente, sai che è solo una parte del percorso.

Passiamo ai piani di **contingenza**. Qui si tratta di creare soluzioni prima ancora che i problemi si verifichino, un po' come avere una scorta di cibo e acqua per i giorni di pioggia. Ad esempio, se ti stai proponendo di fare più esercizio fisico, pensa in anticipo ai giorni in cui potresti essere stanco o non avere tempo. Pianifica dei mini allenamenti che puoi fare anche solo per 10 minuti. Oppure tieni degli snack salutari pronti quando hai attacchi di fame improvvisi invece di girare intorno ai dolci.

Il trucco della tecnica "se-allora" è **geniale** per prepararsi agli ostacoli. Funziona così: crei una sorta di associazione mentale dove alla condizione "se" segue l'azione "allora". Come una risposta automatica. Ad esempio, può essere qualcosa tipo: "Se sono troppo stanco per andare in palestra, allora faccio una camminata di 20 minuti." Questo approccio ti aiuta a mantenere il controllo delle situazioni, poiché non perdi tempo a pensare a come reagire, sai già cosa fare!

Vuoi un altro esempio concreto? Magari stai cercando di smettere con lo spuntino notturno. Usa la **pianificazione** se-allora: "Se dopo cena mi viene voglia di uno spuntino, allora bevo un bicchiere d'acqua e aspetto 10 minuti." È sorprendente come queste piccole strutture possano fare la differenza, donandoti una solida guida quando potresti essere tentato di cambiare rotta.

Per mettere in pratica questi concetti, prova a fare una lista. Prendi carta e penna - sì, dico sul serio - e fai un elenco delle sfide più comuni che incontri quando persegui i tuoi obiettivi. Poi, per ciascuna di queste sfide, scrivi un "se-allora" associato. Può darti una chiarezza ed efficacia che magari non hai ancora sperimentato.

Ti do un ultimo **spunto**: non temere di aggiustare i tuoi piani di contingenza con il tempo e l'esperienza. Ogni tanto, rivedi il tuo approccio e aggiungi o togli elementi che pensi possano migliorarlo. E ricorda, flessibilità! Pensa a come in una partita di calcio vince chi sa adattarsi meglio. Sapere che esistono ostacoli è il primo passo. Pianificare come affrontarli è la mossa **vincente**!

Esercizio Pratico: Creare una Roadmap per Obiettivi Personali

Vuoi finalmente raggiungere i tuoi **obiettivi** senza incappare nell'auto-sabotaggio? Bene, partiamo subito con un esercizio pratico che può cambiare il tuo modo di approcciare i risultati. Vediamo insieme otto passi chiari.

Scegli un **obiettivo** a lungo termine significativo che vuoi raggiungere. Non è facile, lo so. Pensaci bene a quell'obiettivo che ti smuove dentro. Vuoi correre una maratona, avviare la tua azienda o imparare una nuova lingua? Pensa a qualcosa che ti ispira e che porterà un cambiamento reale nella tua vita.

Scomponi l'obiettivo in **traguardi** più piccoli e misurabili. Ok, hai scelto il tuo obiettivo grande. Adesso è il momento di ridurlo un pochino, suddividendolo in traguardi più gestibili. Pensa a ciascun passetto che ti avvicina al tuo traguardo finale. Se il tuo obiettivo è avviare un'impresa, forse vorrai fare un corso di business, trovare un mentore, scrivere un business plan... insomma, tanti traguardi più piccoli che sommandosi faranno il risultato.

Crea una **timeline** per ogni traguardo, lavorando a ritroso dall'obiettivo finale. Immagina di stare scorrendo il calendario all'indietro. Parti dalla data in cui vuoi raggiungere il tuo obiettivo e muoviti all'indietro, segnando scadenze per ogni traguardo. Magari vuoi avviare la tua azienda tra un anno? Ok, allora il business plan dovrà essere pronto tra tre mesi. E così via.

Identifica gli **ostacoli** potenziali per ogni traguardo e sviluppa piani di contingenza. Qui c'è da tirare fuori la palla di cristallo. Pensa a cosa potrebbe andare storto lungo la strada. Difficoltà finanziarie, mancanza di tempo, slittamento di altre priorità. Una volta individuati gli ostacoli, pianifica in anticipo come superarli. Prepararsi in anticipo significa non essere colti alla sprovvista.

Elenca le **azioni** specifiche necessarie per raggiungere ogni traguardo. Ecco qua, lista alla mano. Mettiti a scrivere in modo molto preciso che cosa devi fare, proprio passo dopo passo. Non tralasciare nulla! Se il tuo traguardo è fare un corso di business, le azioni saranno cercare i corsi disponibili, iscriversi, seguire le lezioni, fare i compiti a casa...

Assegna **scadenze** a ogni azione. Non barare su questo! Dai a ogni azione una data di scadenza precisa e mettiti in testa di rispettarla a tutti i costi. Un piccolo trucco: segna le scadenze anche sul telefono o su una sveglia per avere un promemoria costante.

Crea una rappresentazione **visiva** della tua roadmap per gli obiettivi. Un bel grafico o un poster colorato che puoi appendere sulla parete. Qualcosa che ti faccia vedere a colpo d'occhio tutto il percorso davanti a te. Usa post-it, disegni, oppure mappe mentali. Ogni volta che completi un traguardo o un'azione, fai una bella croce e voilà, avanti al prossimo.

Pianifica **check-in** regolari per rivedere e aggiustare la tua roadmap secondo necessità. È come la rimessa a punto di un'auto. Di tanto in tanto fermati e dai un'occhiata a come stai andando. Stai rispettando le scadenze? I traguardi sono ancora rilevanti? Serve modificare qualcosa? Tieni tutto sotto controllo e aggiusta la rotta quando serve.

Scommetto che con questi passi, qualsiasi obiettivo ti sembrerà più fattibile e raggiungibile. E se le cose non vanno come previsto, non fa niente... l'importante è rimettersi in pista e proseguire. Coraggio!

In Conclusione

Questo capitolo ti ha guidato attraverso gli alti e bassi della **pianificazione** e del raggiungimento degli **obiettivi**. Hai imparato delle tecniche pratiche per fissare mete concrete e superare gli **ostacoli** che puoi incontrare lungo la strada. Ora sai come creare mappe dettagliate per raggiungere i tuoi **sogni**.

In questo capitolo hai visto l'importanza di avere obiettivi specifici e misurabili per mantenere la **motivazione**. Hai capito come collegare i tuoi obiettivi ai valori personali per dare significato e profondità a quello che fai. Hai scoperto l'utilità di dividere gli obiettivi a lungo termine in piccoli passi per renderli gestibili. Hai imparato le tecniche per prevedere e affrontare gli ostacoli che incontrerai nel percorso. Infine, hai visto come creare il tuo piano personale per raggiungere un obiettivo grande, tramite una dettagliata "**roadmap**".

Spesso gli ostacoli sembrano giganti, ma con le giuste **strategie** e la volontà di mantenerti fedele ai tuoi **valori**, puoi raggiungere qualsiasi obiettivo ti poni. Sta a te ora: metti in pratica ciò che hai letto e trasforma i tuoi sogni in realtà. Ricorda, ogni piccolo passo conta!

Capitolo 6: Gestione del Tempo per l'Autodisciplina

Ti sei mai chiesto come sarebbe la tua vita se potessi sempre **gestire** il tuo tempo come un professionista? Beh, io sì, e posso dirti che è come se la mente trovasse finalmente il suo ritmo! Ora, immagina per un attimo di essere in grado di capire esattamente cosa fare ogni giorno per non farti più sopraffare dal caos.

Ero esattamente come te – perso tra mille **impegni** e con la sensazione di non avere mai abbastanza ore in una giornata. Poi, ho scoperto questa tecnica chiamata **Pomodoro**. Ha trasformato completamente il mio modo di lavorare e ora sono qui per condividerla con te.

Sentirsi sopraffatto dal continuo bisogno di "eliminare i perditempo" è del tutto normale, ma non deve più esserlo per te. La chiave è creare una **routine** quotidiana efficace che ti permetta di dedicare tempo solo a ciò che conta davvero. Questo capitolo ti guiderà attraverso tecniche concrete per dare **priorità** alle tue attività, concentrarti a lungo termine senza stress, e fare un controllo minuzioso su come spendi il tuo tempo. Davvero, chi l'avrebbe mai detto che un esercizio di routine come un audit del tempo potesse essere così rivelatore?

Quindi, preparati a immergerti in questo capitolo, scoprire **dettagli** che potrebbero cambiare il tuo modo di pensare e iniziare a trasformare la tua **gestione** del tempo. Te lo prometto: vale la pena esplorare ogni singolo **concetto**.

Tecniche di Prioritizzazione

Sai quanto è **importante** distinguere tra compiti urgenti e importanti? Questa differenza cambia tutto. I compiti urgenti sono quelli che richiedono attenzione immediata. Tipo, roba che scoppia se non te ne occupi subito. Succede tipo un incendio in casa, no? Quelli importanti, invece, hanno un impatto a lungo termine sui tuoi obiettivi e il tuo successo. Non sono magari urgenti, ma se li trascuri finisci male alla lunga.

Ti presento l'idea della **Matrice** di Eisenhower. È figa, no? Immagina una griglia con quattro quadranti. In alto a sinistra ci sono i compiti urgenti e importanti - quelli che devi fare subito, assolutamente. Tipo pagare le bollette prima che scada il tempo. In basso a sinistra ci sono gli urgenti ma non importanti. Sono quelle cose d'emergenza, le urgenze quotidiane che ti chiamano ma che non fanno molto per i tuoi obiettivi. Parliamo, che ne so, di una mail che potrebbe aspettare.

Poi, passiamo al quadrante in alto a destra, quelli importanti ma non urgenti. Questi sono i **compiti** che pianifichi e programmi per dopo. Esempio: la relazione per il lavoro che devi finire. Non si scarica su un attimo, ma neanche lasciarla lì fino all'ultimo secondo. Infine, c'è il quadrante in basso a destra - i compiti che non sono né urgenti né importanti. Indovina un po', qui secondo me è lo spazio per perdere tempo. Scrollare sui social per ore senza senso.

Ora, spostiamoci sul **metodo** ABC. Semplice ma efficiente. Classifichi i tuoi compiti in tre categorie: A, B, e C. Le A sono le cose che hanno un impatto grande e le conseguenze sono pesanti se non le fai. Le B? Meno impattanti delle A, ma comunque essenziali. Le devi fare, ma non subito-su-subito. E le C? Le lasci proprio in coda. Poco impatto, poco urgente.

Funziona un po' come mangiare l'elefante a pezzetti. Spicchi uno alla volta. All'inizio del giorno, decidi su quali **compiti** A concentrarti prima. Quando hai fatto quelli... passi ai B. I C? Se resta tempo e risorse. In questo modo, ti assicuri di portare avanti le cose che contano davvero.

Prova a immaginare la Matrice di Eisenhower insieme al metodo ABC. Li abbini e ottieni un sistema **potente**. Mentre classifichi con la Matrice capisci qual è il tipo di compito, il metodo ABC ti aiuta a metterli in un ordine di esecuzione. Così non perdi tempo con piccolezze mentre le attività importanti aspettano.

E che grazia! Ecco un piccolo trucco: A volte compiti B (secondo il metodo ABC) sono urgenze se si mette in conto la Matrice di Eisenhower. Organizzare una riunione? Non è prioritaria ma diventa urgente nella scaletta quando il termine scade.

Tutto sta nel capire cosa vale veramente per te e quali sono gli **scopi** da seguire. E credimi! Non dimenticare una cosa: anche se sei metodico serve comunque la flessibilità. Non è il Medioevo; dobbiamo ancora adattarci alle scadenze, ai cambi di piano e alle cose inaspettate.

Una volta afferrato il concetto ti diventa naturale. Al pomeriggio sei già che scivoli sui compiti di serie B e C senza accorgerti di annegare in urgenze. Aumenta la **produttività** e anche la pace mentale mantenendo l'occhio sul futuro, senza fare montagne su cose futili.

Ora non è più così difficile separare il messaggio dal caos. Basta applicare queste griglie, davvero accorcia il tempo e ti fa ridere della tua prodezza nel metodo fatto a pennello per una strada più efficiente.

Continua così e vedrai la differenza ogni giorno.

La Tecnica del Pomodoro per il Lavoro Concentrato

Hai mai provato a **lavorare** su un compito ma, a un certo punto, ti sei ritrovato a distrarti continuamente? Ecco dove la Tecnica del Pomodoro può fare la differenza. Il time-boxing, o la suddivisione del tempo in blocchi precisi, ha un impatto psicologico notevole. **Concentrare** la tua attenzione su un solo compito per un periodo di tempo limitato può aumentare la tua **motivazione** e ridurre lo stress.

Ma quali sono esattamente questi benefici psicologici? Per cominciare, il time-boxing crea un senso di urgenza senza portare alla frustrazione. Sai che devi darci dentro per un tempo stabilito, dopodiché potrai concederti una pausa. Questo processo ciclico di impegno e relax tiene alta la tua **energia**. Non sei più di fronte a una montagna di attività interminabili, ma a piccole collinette da superare.

Come mettere in pratica la Tecnica del Pomodoro, dunque? È più semplice di quanto pensi: imposta un timer per 25 minuti. Lavora su un compito finché il timer suona, poi fai una breve pausa di 5 minuti. Dopo quattro "pomodori," ossia cicli di lavoro, concediti una pausa più lunga, tipo 15-30 minuti. Questo metodo ti aiuta a mantenere elevata la **produttività** senza esaurire le energie.

E se ti trovi davanti a compiti che sembrano insormontabili fin dall'inizio? Qui entra in gioco la "regola dei 5 minuti." Promettiti di lavorare a qualcosa solo per cinque minuti. Di solito, una volta iniziato, ti accorgerai che è meno faticoso di quanto pensassi e, spesso, continuerai a lavorare oltre quei cinque minuti. È come rompere il ghiaccio al lavoro.

C'è poi un altro aspetto interessante. La difficoltà di mantenere la **concentrazione** non è solo colpa delle distrazioni esterne come le notifiche del telefono o la musica troppo alta. Il vero trucco è rendere l'ambiente favorevole e adottare anche piccole strategie per restare focalizzato. Qualcuno trova utile spegnere il cellulare, mentre altri preferiscono avere una lista di cose da fare ben visibile sul tavolo. Io, ad esempio, metto spesso una pianta accanto alla mia postazione di lavoro perché mi rilassa e mi mantiene presente.

Ma se durante la tecnica del pomodoro ti distraessi? Non abbatterti. Prendi un foglio e annota la distrazione per gestirla dopo. Così non perderai di vista il tuo obiettivo. E ricorda, ogni Pomodoro che completi è una piccola vittoria. Non c'è rischio di fare tutto d'un fiato perché il tempo è ben frazionato.

Immagina che effetto domino possa creare questo modello di lavoro se applicato costantemente. La costanza nel seguire la Tecnica del Pomodoro può trasformare la tua routine quotidiana, mantenendo alta la motivazione e riducendo i rischi di burnout. Inizia con compiti semplici per prendere il ritmo, poi passa a quelli più impegnativi. Inoltre, tieni traccia dei tuoi progressi completando una lista di "Pomodori."

Vedrai, sarai più organizzato e meno sopraffatto dalle **incombenze** quotidiane. Affrontare la giornata lavorativa diventerà un compito pieno di sfide ma ricco di successi a piccole dosi.

Eliminare le perdite di tempo

Sai, la vita moderna è piena di **distrazioni** che possono intralciare la tua produttività. E può essere davvero frustrante! Per migliorare la **gestione** del tempo e, di conseguenza, la tua autodisciplina, devi eliminare le perdite di tempo.

Prima di tutto, c'è una cosa chiamata audit del tempo. Funziona come una specie di bilancio di come trascorri il tuo tempo. Essenzialmente, tieni **traccia** di tutto quello che fai durante la giornata. Ogni mezz'ora o giù di lì, fermati e scrivi cosa hai fatto. Ti accorgerai che, spesso, ci sono momenti in cui il tempo sembra... svanire. È un po' come fare un inventario delle tue attività giornaliere e vedere dove ci sono sprechi.

Fare un audit del tempo è cruciale per identificare le inefficienze. Ad esempio, potresti notare che passi troppo tempo sui social media, o che fai delle pause troppo lunghe e frequenti. Queste piccole attività possono accumularsi e diventare dei buchi neri di tempo. Una volta identificati, puoi modificarli o eliminarli del tutto.

Riconoscere queste attività che fanno perdere tempo è il secondo passo. Può essere semplice come annotare le ore passate a guardare programmi televisivi, navigare su Internet o anche chiacchierare senza fine con amici e colleghi. Una volta identificate, prova a ridurle o a metterle in momenti specifici della tua giornata in cui possono fare meno danni.

Ora parliamo di come minimizzarle. Un metodo efficace è creare delle **sessioni** di lavoro in cui ti concentri solo su compiti specifici per un determinato periodo. Durante queste sessioni, metti via il telefono, evita i siti web distruttivi, e focalizzati completamente su quello che stai facendo. Ti sorprenderà quanto puoi essere più produttivo senza continue interruzioni.

Ecco la "regola dei due minuti," che è una vera salvezza per i piccoli **compiti**. L'idea è semplice: se un'attività richiede meno di due minuti per essere completata, falla subito. Non aspettare, non metterla in una lista di cose da fare, fallo e basta. Questo può includere azioni come rispondere a un'e-mail veloce, riordinare la scrivania, o buttare la spazzatura. Occuparti subito di queste piccole cose ti libera la mente per compiti più importanti.

Quante volte, in un giorno, sei tentato di **procrastinare** quei piccoli compiti? Usare la regola dei due minuti è un modo efficace per gestirli prontamente, evitando di accumulare incombenze in sospeso che possono diventare una montagna di cose da fare.

Alla fine, eliminare le perdite di tempo ti permette di avere più tempo per attività significative e produttive. Non solo migliorerà la tua **produttività** quotidiana, ma contribuirà anche a costruire una solida disciplina personale. So che all'inizio può sembrare difficile, ma con un po' di pratica e costanza, noterai grandi miglioramenti.

Quindi, inizia oggi stesso. Prendi un foglio di carta o un'app sul telefono, e tieni traccia di come passi il tempo. Identifica ciò che non è veramente necessario e prova a sostituirlo con qualcosa di più produttivo. Usa la regola dei due minuti per gestire i piccoli compiti immediatamente. Vedrai che con ogni piccolo passo, diventerai sempre più abile nel gestire al meglio il tuo **tempo** e eliminare le inutili perdite di tempo.

Creare Routine Quotidiane Efficaci

Ti svegli al mattino senza una vera e propria **routine**? Eh sì, capita a tutti. Ma una buona routine mattutina può fare davvero la differenza. La mattina, quando sei riposato, è il momento più fertile per impostare il tono della giornata. Quindi, invece di iniziare a caso, è utile creare delle abitudini precise.

Prendiamo, ad esempio, la mia routine mattutina. La **colazione** è sempre la stessa: cereali, una banana e un caffè. Poi venti minuti di **esercizio** fisico leggero; niente di pesante, solo per attivare il corpo. Imparare queste routine richiede tempo, ma una volta integrate, diventano automatiche e ti danno quella spinta per tutto il giorno.

Anche le routine serali sono fondamentali. La tua **energia** sarà più bassa, e una routine tranquilla può aiutarti a rilassarti e prepararti per il sonno. Un bel bagno caldo, una tazza di tè e una mezz'ora di lettura leggera, lontano dagli schermi del cellulare... Sai, queste piccole azioni possono fare una grande differenza nella qualità del sonno. E dormire bene significa iniziare con una marcia in più il giorno dopo.

Ok, parlare di creare routine è bello, ma deve sempre adattarsi al tuo ciclo personale di energia. Ti consiglio di annotare, in una settimana tipica, quando ti senti più energico e produttivo. In questo modo, puoi organizzare le attività più impegnative nei momenti di massima energia. Per esempio, se sei come me e hai un crollo energetico nel pomeriggio, riserva quel tempo per compiti meno impegnativi.

Ora, una tecnica davvero simpatica per modificare le tue routine senza nemmeno accorgertene è il "**habit stacking**". Che vuol dire in parole povere? Significa aggiungere una nuova abitudine accanto ad una già esistente. Così tutto diventa più facile e naturale. Per esempio, se vuoi iniziare a fare degli stretching mattutini, fallo subito dopo aver bevuto il tuo caffè.

Questo concetto funziona perché il nostro **cervello** tende ad automatizzare i comportamenti messi insieme in modo regolare. Per esempio: colazione - stretching - doccia. A quel punto avrai intrapreso una nuova abitudine senza nemmeno accorgertene!

Questi sono gli ingredienti principali di routine efficaci sia mattutine che serali. Introdurre gradualmente nuovi comportamenti nelle tue abitudini già esistenti è come innestare una nuova pianta in un giardino già florido. A fine giornata, la soddisfazione di aver completato le tue routine ti darà una carica positiva per affrontare il giorno seguente... e si velocizza la strada verso i tuoi **obiettivi**.

Quindi, prendi il controllo del tuo **tempo** e non lasciarti andare alla casualità. Agire in modo intenzionale con le tue routine ti porterà lontano senza caricare troppo la giornata. Fai quest'ultimo passo: annota la tua routine, adattala alle tue esigenze e, con un pizzico di pazienza, vedrai i risultati.

La prossima volta che ti svegli, chiediti: come posso partire con il piede giusto? E la sera... come posso prepararmi al meglio per una buona notte di sonno? Inizia da lì; il resto, pian piano, seguirà.

Esercizio Pratico: Analisi e Ottimizzazione del Tempo

Ecco un esercizio per aiutarti a migliorare la **gestione** del tempo e sviluppare una migliore **autodisciplina**. Sei pronto?

Innanzitutto, **traccia** tutte le tue attività per una settimana. Prendi un quaderno o usa un'app, ma annota tutto. Ogni volta che inizi un'attività, segna l'orario di inizio. E quando la finisci, scrivi l'orario di fine. Non dimenticare le pause caffè o le occhiate ai social!

Dopo, **classifica** ogni attività. Decidi se è essenziale, produttiva o non produttiva. Essenziale potrebbe essere dormire o mangiare, cose che non puoi evitare. Produttive sono quelle che ti aiutano a raggiungere i tuoi obiettivi, tipo lavorare su un progetto o fare esercizio. Non produttive, beh, sai già quali sono — quelle ore a scorrere Facebook o a guardare serie TV senza fine.

Calcola il tempo totale trascorso in ogni categoria. Somma i minuti e le ore di ciascuna attività per vedere quanto hai speso in ognuna. Ti stupirà quante cose (inutili) occupano il tuo tempo.

Identifica schemi e attività che ti fanno perdere tempo. Forse ogni giorno verso le 15 cominci a rilassarti troppo e passi un'ora a fare niente. O magari noti che sprechi troppo tempo a rispondere a email non urgenti.

Stabilisci obiettivi specifici per ridurre il tempo non produttivo. Tipo "Ogni giorno dimezzerò il tempo sui social" o "Risponderò alle email solo una volta ogni due ore".

Crea un nuovo **programma** dando priorità alle attività essenziali e produttive. Sii realistico e includi pause per evitare il burnout. Potresti organizzarti in fasce orarie, tipo dalle 9 alle 12 lavori su un progetto importante, dalle 12 alle 13 pranzo e riposo dichiarato, e così via.

Implementa il nuovo programma per una settimana prendendo nota delle tue osservazioni. Dai! Segui il tuo nuovo piano per sette giorni, ma annota anche come ti senti, cosa funziona bene e cosa potrebbe essere migliorato. Sentiti libero di adattarlo dove serve.

Aggiusta e perfeziona il tuo programma in base ai risultati. Dopo una settimana avrai già un'idea su cosa ha funzionato e cosa no. Forse il tempo stabilito per rispondere alle email non è sufficiente, o ti accorgi di avere ancora momenti non produttivi qua e là. Ecco, iterando e migliorando giorno dopo giorno, diventerai sempre più disciplinato e avrai una gestione del tempo formidabile.

Riusciremo a rendere il nostro tempo più efficiente, come se matematica e pianificazione fossero una cosa sola. L'importante è ricordare la **determinazione** e, passo dopo passo, trasformare ogni piccolo miglioramento in una grande conquista. Essere padroni del nostro tempo è possibile — e così puoi arrivare a obiettivi e traguardi che sembravano lontani. Dai, ce la fai!

In Conclusione

Questo capitolo ha trattato le tecniche di **gestione del tempo** per migliorare l'autodisciplina. Ricorda sempre quanto sia importante gestire efficacemente il tuo tempo per raggiungere i tuoi **obiettivi**. Ecco i punti chiave che abbiamo esplorato:

• Priorità tra compiti urgenti e importanti. Evitare di confondere l'urgenza con l'importanza è fondamentale per migliorare la gestione del tempo.

• **Matrice di Eisenhower**. Utilizzare questa tecnica ti aiuterà a categorizzare i compiti e a concentrarti su quelli che contano di più.

• Metodo ABC. Classificare i compiti in ordine di importanza e impatto per determinarne le priorità.

• **Tecnica del Pomodoro**. Ottima per migliorare la **concentrazione** e la **motivazione** attraverso il time-boxing.

• Ricerca dei perditempo. Attraverso gli audit temporali, sarai in grado di individuare e ridurre le attività che sprecano il tuo tempo.

Applicare ciò che hai imparato in questo capitolo ti aiuterà a gestire meglio le tue giornate, aumentare la **produttività** e raggiungere con successo i tuoi obiettivi. Usa questi **strumenti** e tecniche per creare abitudini efficaci e migliorare la tua autodisciplina. In bocca al lupo nel tuo percorso verso una gestione consapevole e efficiente del tempo!

Capitolo 7: Sviluppare una Mentalità Disciplinata

Ti sei mai chiesto cosa accadrebbe se scoprissi che l'unico **ostacolo** tra te e la versione migliore di te stesso è quella voce interiore che ti dice che non ce la farai? Voglio guidarti attraverso un percorso in cui cambierai il modo in cui parli a te stesso e come vedi i tuoi **limiti**.

Sai, una volta anch'io mi sono sentito bloccato dalle **paure** e dalle convinzioni limitanti. Ma ho scoperto alcuni strumenti potenti che mi hanno aiutato a trasformare quella voce critica in una forza **motivatrice**. Questa è proprio l'esperienza che ti promette questo capitolo.

Inizierai a percepire quanto possa essere importante avere un **dialogo** positivo con te stesso. Troverai tecniche per spingerti oltre i limiti che pensi di avere, incluso un esercizio pratico, il Mindset Shift Journaling, per cambiare piano piano il tuo **mindset**.

Interrompi le convinzioni che ti frenano e scoprirai una nuova riserva di **energia** e determinazione dentro di te. Non ti sto offrendo solo teoria, ma anche esercizi pratici e consigli realizzabili per fare davvero la differenza.

Vuoi sapere di più? Bene, comincia a leggere e ti troverai più forte e preparato a fronteggiare qualsiasi **sfida** ti si presenti.

Ristrutturazione Cognitiva per l'Autodisciplina

Sai quanto sono subdole le **distorsioni cognitive**? Sono quei pensieri imprecisi o esagerati che deformano la tua percezione della realtà. E influenzano moltissimo la tua **autodisciplina**. Magari ti sei convinto di non essere all'altezza o che tanto fallirai di nuovo. Beh, è proprio quel tipo di pensiero che ti sabota a ogni passo.

Per farti un esempio, pensiamo alla "generalizzazione" – basti un errore e già pensi di essere un fallimento completo. O c'è la "catastrofizzazione" – tutto va male per un difetto magari piccolo. E questi sono solo la punta dell'iceberg. Sono meccanismi automatici che ti danneggiano senza che te ne accorga.

Per interrompere questi **pensieri negativi**, il primo passo è riconoscerli. Tipo, chiediti "Sto esagerando?" o "Sto vedendo tutto in nero?". Una buona tecnica è annotare i tuoi pensieri, così da capire quali modalità di pensiero ricorrono di più. Poi, una volta individuati, devi sfidarli.

Cerca **prove concrete** per verificarli. Ad esempio, se pensi di non essere bravo, cerca argomenti che contraddicano questo pensiero. Hai avuto momenti di successo in passato? Ecco, già quello è una prova contro. Non è solo contraddire per il gusto di farlo, ma trovare un equilibrio più realistico. In realtà, spesso sei tu il tuo peggior critico.

Un'altra **strategia utile** è il "blocco dei pensieri". Praticamente, appena inizi a vedere certi pensieri auto-sabotanti arrivare, li fermi. Immagina di avere un grosso cartello di STOP nella mente... Quando un pensiero negativo apparirà, visualizza questo cartello. Non è sempre facile, ma efficace se praticato con pazienza. Puoi persino vocalizzare, dicendoti basta. Proprio come si parla a un bambino irrequieto... fermo e deciso ma anche gentile.

Queste tattiche lavorano insieme, un po' come i mattoncini Lego. Si costruiscono piano piano e ti danno una base solida su cui poggiare la tua autodisciplina. Nessuno ha detto che sarà semplice—è una pratica continua.

Ecco alcune cose da ricordare:

• Riconoscere il pensiero negativo

• Annotare i pensieri ricorrenti

• Sfidare i pensieri trovando prove concrete

• Applicare il "blocco dei pensieri" quando serve

Utilizzare tutte queste tecniche ti porta a sviluppare una migliore **gestione del pensiero**. Ricorda, ci vuole del tempo per vedere cambiamenti significativi. È un processo, ma che alla lunga premia. Evita il giudizio e mantieni la pazienza con te stesso.

Lavora quotidianamente su queste tattiche e vedrai... Cambia piste mentali, imponiti pause consapevoli, ed evita di cadere nelle trappole antiche del pensiero negativo. Coltiva pensieri positivi, abbattendo giorno dopo giorno le barriere mentali!

Non dovresti mai sottovalutare il potere della mente nel guidarti verso il **successo**. Piano piano, libero dai vecchi schemi, sei pronto a nuove imprese e magari anche a scoprire che la disciplina non è poi una sfida insormontabile, ma un complice verso traguardi ambiziosi. Quando la tua mente cambia, anche tutto il resto fa lo stesso. E con questo nuovo approccio mentale, niente più auto-sabotaggio. Vai incontro a chiari obiettivi, libero dalle catene dei pensieri negativi.

Dialogo interiore positivo e affermazioni

Hai mai riflettuto su quanto il dialogo interiore influenzi il tuo **comportamento** e la tua **motivazione**? È come avere una vocina nella testa che decide cosa fare o come sentirsi. Questo dialogo può essere il tuo migliore amico o il tuo peggior nemico. Quando pensi cose positive, tipo "ce la posso fare" o "sono forte", ti senti carico di energia e pronto a affrontare qualsiasi sfida. Ma se ti dici "non ce la farò mai" o "sono un disastro", ti butti subito giù, vero?

Dai, parliamo di come puoi trasformare questo dialogo in qualcosa di super utile. Gli esperti del benessere mentale dicono che il dialogo interiore positivo può aiutarti a ridurre lo stress e a **migliorare** le tue prestazioni in vari aspetti della vita. Pensaci – se credi in te stesso, farai di tutto per riuscirci, no? Ecco perché è importante allenarsi a parlare a se stessi in modo positivo. Così facendo, puoi davvero potenziare la tua **autodisciplina** e motivazione.

Creare **affermazioni** efficaci e personalizzate è un altro passo fondamentale. Le migliori sono quelle che ti parlano davvero e si allineano con i tuoi obiettivi. Ecco qualche consiglio:

• Sii specifico: Invece di dire "Voglio essere meglio", prova con "Mi impegnerò ogni giorno per migliorare nella corsa."

• Usa il presente: Pronuncia le tue affermazioni come se fossero già realtà. Tipo, "Sono disciplinato e concentrato" invece di "Diventerò disciplinato e concentrato."

• Rendile personali: Le affermazioni devono riflettere le tue intenzioni e desideri. Ad esempio, "Mi sveglio presto ogni mattina per fare esercizi e iniziare la giornata alla grande."

Ma come metti in pratica queste affermazioni? Qui entra in gioco la **"tecnica dello specchio"**. Sembra un'idea bizzarra, ma fidati, funziona. Ogni mattina, quando ti svegli, vai allo specchio. Guardati negli occhi e pronuncia le tue affermazioni ad alta voce. All'inizio potrà sembrarti strano e magari ti sentirai un po' scemo. Ma più lo fai, più sentirai che quelle parole stanno diventando parte di te.

Immagina di svegliarti ogni mattina e invece di pensare "uff, un altro giorno noioso", ti dici "Oggi affronto tutte le sfide con grinta e determinazione." Questa piccola abitudine può fare una grande differenza nel modo in cui affronti la giornata, insomma. Col tempo, queste affermazioni lavorano sul tuo subconscio, cambiando il tuo modo di pensare e di agire.

Per esempio, se ogni giorno ti ripeti "Sono capace di resistere alle tentazioni e rimanere concentrato sui miei obiettivi", inizi veramente a crederci. Storie personali dimostrano che chi ha seguito questa tecnica per settimane ha notato un aumento di **autostima** e senso di controllo. Quindi non è solo teoria: funziona sul serio.

In conclusione, il dialogo interiore positivo, l'uso di affermazioni efficaci e la tecnica dello specchio sono strumenti potenti che puoi integrare nella tua routine quotidiana per migliorare la tua autodisciplina e **motivazione**. Mettiti in gioco: ogni grande cambiamento parte da piccole azioni.

La Regola del 40%: Spingersi Oltre i Limiti Percepiti

Immagina questa scena: sei in **palestra**, già sudato e ansimante, quando senti che non ce la fai più. È in questi momenti che entra in gioco il concetto di riserve mentali. Ecco come funziona: molti pensano di aver raggiunto il limite delle proprie capacità fisiche e mentali quando, in realtà, hanno utilizzato solo una percentuale molto più bassa del loro vero **potenziale**. Gli esperti chiamano questo fenomeno "la Regola del 40%". In pratica, quando pensi di aver dato tutto, sei solo al 40% delle tue capacità totali.

Basta pensarci un attimo. Le riserve mentali sono come un serbatoio nascosto di **energia** e forza di volontà che entrano in gioco solo quando veramente ne hai bisogno. Spesso sei condizionato dagli stimoli fisici immediati – la fatica muscolare, il respiro affannoso – e ti convinci che è ora di fermarti. Ma la verità è che il tuo corpo può fare molto di più. È la tua mente a spingere il tasto "stop" prematuramente, come un meccanismo di difesa per evitare il dolore o lo sforzo eccessivo.

Capire questo ti permette di riconoscere i segni della resa prematura. Quando inizi a pensare "Non ce la faccio più" o a rallentare senza motivo apparente, magari è proprio la tua mente che sta scherzando con te. Come riconoscerlo? Spesso, trovi scuse tipo "Sono troppo stanco" o "Non sono forte abbastanza." Ma se ti rendi conto di questi segnali puoi applicare la Regola del 40%.

Ora, parliamo delle strategie per andare oltre. Quando senti quel blocco mentale, prova a sfidarlo. La tecnica del "**micro-obiettivo**" è un ottimo strumento. Invece di focalizzarti sul compito enorme che hai davanti, suddividilo in piccoli passi. Poniti micro-obiettivi, piccole tappe raggiungibili. Hai mai notato come sembra meno faticoso dire a te stesso "Un altro minuto" invece che "Devo correre per altri 30 minuti"? Questa tecnica aiuta a spostare l'attenzione dal soffrire il momento presente a tirare avanti per un attimo alla volta.

Allora, come fare? Diciamo che sei nel bel mezzo di uno **studio** intensivo e sei esausto. Invece di pensare "Devo studiare per altre sei ore," pensa "Riesco a studiare per altri cinque minuti." Molto spesso, una volta superato quel piccolo step, ti rendi conto che puoi affrontarne un altro. Quei cinque minuti diventano dieci, poi quindici, e prima che tu te ne accorga hai superato il tuo limite percepito.

Naturalmente, la Regola del 40% non significa ignorare i segnali del corpo che richiedono una pausa vera e propria per evitare il **burnout**. Ma si tratta, invece, di affinare la tua sensibilità per distinguere tra il vero esaurimento fisico e i limiti che la tua mente ti impone.

Alla fine, costruire una mentalità **disciplinata** non riguarda solo il potere muscolare o la resistenza. È una sfida personale contro te stesso, la certezza di poter andare un po' più in là rispetto a ieri. Riconosci i tuoi segnali di resa prematura, scomponi il percorso in micro-obiettivi, e scoprirai che hai riserve di **forza** e determinazione che nemmeno sospettavi di avere. Provaci. Lavorando su questi piccoli cambiamenti, scoprirai quanto sei realmente capace di fare, sfiorando il tuo vero potenziale nascosto dietro quel 40%.

Superare le Convinzioni Auto-limitanti

Le **convinzioni** auto-limitanti - quelle voci nella tua testa che continuano a dirti "non ci riesco" o "non ne sono capace." Sono fastidiose, vero? Ma, sai, non sei solo. Tutti le abbiamo... queste convinzioni si formano, spesso, durante la nostra crescita. E indovina un po'? Possono essere cambiate.

La formazione di queste convinzioni inizia spesso nell'infanzia. Un commento casuale di un insegnante o una critica da parte di un genitore. Potrebbero sembrar cose da poco, ma il tuo cervello le raccoglie e le trasforma in verità assolute. Così si costruiscono le limitazioni nella tua mente. Se continui a credere che non puoi fare qualcosa, finirai per non provarci nemmeno. Alla fine le convinzioni auto-limitanti diventano **barriere**. Bloccano la strada verso il raggiungimento degli obiettivi e mettono un freno alla disciplina necessaria per arrivare al successo.

Ma aspetta. C'è una notizia fantastica. Puoi identificare e **sfidare** queste convinzioni. Ecco come: Prenditi del tempo e pensa ai momenti in cui hai sentito la voce dell'inutile negativo. Quale pensiero sta alla radice di questo sentimento? Scrivilo. È essenziale fare questo esercizio con tutta calma. Ad esempio, se credi di non essere abbastanza bravo per fare carriera, chiediti perché. Qual è la tua prova di questo? Guarda tra i ricordi... forse un errore sul lavoro, o un momentaccio nelle valutazioni scolastiche passate? Ma attenzione... la chiave è essere onesto con te stesso.

Una volta identificata la convinzione, è il momento di sfidarla. Devi raccogliere **prove** che dimostrino il contrario. Funziona un po' come un processo legale... vai alla ricerca di ogni minimo dettaglio che possa mettere in discussione la tua credenza limitante. Hai paura di parlare in pubblico? Focalizzati su tutte quelle volte in cui ci sei riuscito, anche se magari era solo una piccola presentazione alla scuola elementare. Anche le piccole vittorie contano.

E non fermarti lì. Parla con chi ti conosce bene - amici, familiari. Chiedi loro di raccontarti momenti in cui hanno visto in te una qualità opposta alla tua convinzione. La raccolta di prove è il punto cruciale. Pensa a quante più **testimonianze** possibili. Anche le potenziali fatture possono diventare potenti armi alleate.

Per finire... prendi il controllo sui **pensieri** negativi con l'esperimento della "raccolta di prove." È come rimettere ordine nel tuo armadio mentale. Sostituiscile con nuove, potenzianti e reali convinzioni su chi sei e cosa puoi fare. Butta fuori l'immondizia mentale, rimpiazza con quanto di meglio puoi trovare dentro e fuori di te.

Quindi, la prossima volta che cominci a dubitare delle tue capacità, fermati un momento. Armati di penna e carta. Elenca tutte le prove della tua vera **capacità**. Ripetilo ogni volta finché questa pressione della convinzione auto-limitante non inizi a scemare. Essere disciplinati richiede di essere anche i tuoi più grandi sostenitori mentalmente ogni giorno.

Ecco il trucco... si tratta tutto di addestrare la mente come un **muscolo**. Lenta e costante costruzione della fiducia, basata su prove ben fondate. Non solo comincerai a superare le convinzioni autolimitanti, ma costruirai una **disciplina** mentale formidabile. Non c'è tempo per accampare scuse... solo per potenziare le tue vere, straordinarie capacità.

Esercizio Pratico: Giornale per il Cambio di Mentalità

Inizia identificando una **convinzione** autolimitante legata all'autodisciplina. Trova quella credenza che ti frena sempre quando cerchi di essere più disciplinato. Potrebbe essere del tipo "Non riesco a mantenere le abitudini per più di una settimana" o "Non sono una persona mattiniera, quindi non riuscirò mai ad allenarmi di mattina". Scrivila nel tuo diario.

Ora, metti alla **prova** questa convinzione. Pensa a tutte quelle volte in cui hai effettivamente portato a termine un'abitudine o ti sei alzato presto senza problemi. Magari hai avuto una settimana in cui hai mantenuto un'abitudine o un giorno in cui ti sei svegliato presto per fare una bella passeggiata. Elencali tutti.

È il momento di capovolgere quella convinzione negativa. Crea un'**affermazione** alternativa e potenziante. Prova a formulare una frase che trasformi la tua visione in qualcosa di positivo e motivante. Invece di "Non riesco a mantenere le abitudini", prova con "Ho il potere di creare e mantenere nuove e salutari abitudini". Questa nuova affermazione dovrebbe farti sentire carico e ottimista quando la leggi.

Per rendere tutto più concreto, elenca **azioni** specifiche in linea con la nuova convinzione. Se la tua nuova affermazione riguarda l'essere una persona che mantiene le abitudini, pensa a piccole azioni quotidiane per dimostrarlo. Potrebbe essere stabilire una routine serale semplice o iniziare ogni giorno con una breve sessione di esercizio.

Ogni giorno, dedica cinque minuti per riflettere e scrivere nel tuo diario le **esperienze** che supportano la nuova convinzione. Magari hai completato tutti i compiti della tua lista giornaliera, o forse hai trovato un momento per meditare. Anche le piccole cose contano. È con queste esperienze che la tua mente inizierà davvero a cambiare.

Tieni traccia dei **momenti** concreti in cui hai agito secondo la tua nuova credenza. Se decidi di alzarti presto e fai una corsetta mattutina, segnalo. Questi momenti ti aiuteranno a vedere quanto stai cambiando sul serio.

Settimanalmente, dedica del tempo per rileggere quello che hai scritto. Osserva come i tuoi **pensieri** e comportamenti stanno evolvendo. C'è qualcosa che è diventato più facile? Quali sono ancora le sfide? In questi momenti puoi vedere quanto sei cresciuto e dove c'è ancora margine di miglioramento.

Sulla base delle tue riflessioni settimanali, aggiusta il tuo approccio. Se qualcosa non funziona, pensa a come cambiarla. Continua con questo esercizio per almeno un mese – vedrai che anche le credenze più radicate cominceranno a sciogliersi e a trasformarsi in qualcosa di molto più positivo e potenziante.

Seguendo questi **suggerimenti**, vedrai dei miglioramenti nei tuoi pensieri e comportamenti. Farà davvero una gran differenza nella tua autodisciplina.

In Conclusione

In questo capitolo, hai **esplorato** strumenti e tecniche per sviluppare una **mentalità** disciplinata che ti aiuterà a raggiungere i tuoi obiettivi. Ecco i punti chiave di ciò che hai imparato:

Hai capito cosa sono le distorsioni cognitive e il loro impatto sulla disciplina personale. Hai visto come pensieri negativi e erronei possono indebolire la tua autodisciplina.

Ti sei allenato a **riconoscere** e sfidare i pensieri negativi, imparando a sostituirli con pensieri più positivi e costruttivi.

Hai appreso la tecnica dello "stop dei pensieri", un metodo efficace per interrompere le narrazioni mentali autosabotanti.

Hai compreso l'**influenza** della conversazione interna positiva sul comportamento, capendo quanto sia importante parlarti in modo incoraggiante per mantenere alta la **motivazione**.

Hai praticato la tecnica del "mirror" per l'auto-riflessione positiva, quasi come allenarti davanti a uno specchio, per **rafforzare** la fiducia in te stesso.

Ricorda che ogni passo fatto verso una mentalità più disciplinata ti avvicina di più ai tuoi **obiettivi**. Applica i **concetti** di questo capitolo nella tua vita quotidiana e osserva come la tua autodisciplina migliorerà giorno dopo giorno. Continua a sfidare i tuoi pensieri negativi e sostituiscili con nuove convinzioni positive. Nulla è impossibile se credi in te stesso!

Capitolo 8: Sviluppare Resilienza e Determinazione

Ti sei mai chiesto come **affrontare** le sfide più difficili della vita? Bene, in questo capitolo ti porterò con me in un'avventura di **scoperta** personale. Fidati, questo viaggio sarà tutto tranne che noioso.

Ricordo quando mi sembrava tutto impossibile, ogni ostacolo insuperabile. Ma sai cosa mi ha permesso di andare avanti? La capacità di **rialzarmi** e proseguire. E indovina un po'? Anche tu ce l'hai dentro di te.

In questo capitolo andremo a fondo nel capire come diventare più **forti** mentalmente affrontando le sfide. C'è una forza in ognuno di noi che spesso non sappiamo di avere, e sono qui per aiutarti a scoprirla. Affronterai le **difficoltà** come trampolini di lancio, e ti guiderò nei modi per gestire lo stress in modo efficace.

Ti proporrò anche esercizi pratici, perché parlare di **resilienza** è una cosa, viverla è un'altra. Insomma, questa parte del libro non è solo da leggere ma da sperimentare, riflettere e migliorare. Non vedo l'ora che tu possa scoprire tutto ciò che hai da offrire a te stesso. Sei pronto per questa **avventura**? Troviamo insieme quella **grinta** che ti farà prosperare in ogni situazione.

Sviluppare la Forza Mentale Attraverso le Sfide

Hai mai sentito parlare dell'inoculazione dello stress? È come un **vaccino** per la mente. L'idea è semplice: affrontare piccole dosi di stress per diventare più forte e preparato per situazioni ancora più stressanti in futuro. Un po' come quando fai gli esercizi in palestra - sviluppi i muscoli affrontando peso e resistenza. Solo che qui si parla di **muscoli mentali**.

Tutto parte dal capire che un po' di stress può effettivamente fare bene. Certo, nessuno lo ama. Però, quando lo affronti gradualmente invece di scappare, impari a gestirlo meglio. È come pagare gli interessi alla banca - piccoli pagamenti rendono tutto più sopportabile e, col tempo, impari a non avere paura delle cose **difficili**.

Cosa significa, quindi, aumentare l'esposizione a situazioni impegnative? È come fare stretching prima di una corsa lunga. Inizia con cose piccole. Magari, prova a parlare in pubblico davanti a un piccolo gruppo di amici o familiari prima di lanciarti su un palco pieno di sconosciuti. Guarda film horror se temi il buio - poco a poco il cuore smetterà di battere all'impazzata ogni volta che spengono le luci. È il principio del martello: all'inizio, il rumore fa male, ma alla fine ci si abitua.

Immagina un altro passo: l'espansione della zona di **comfort**. Hai presente quel senso di disagio quando provi qualcosa di nuovo? Bene, l'obiettivo è portarti a provarlo più spesso. Come? Non buttandoti nel vuoto senza paracadute, ma facendo un passo alla volta. Se hai paura dei cani, inizia avvicinandoti a quelli piccoli tenuti al guinzaglio dai loro padroni. Pian piano la paura diminuisce e la **fiducia** cresce.

È normale avere paura e sentirsi nervosi. Hai capito bene. Credevi di essere un cavaliere senza paura? Tutti hanno i loro demoni. Con

sfide gradualmente più impegnative, aumenti la tua forza mentale senza sentirti sopraffatto.

Hai mai provato a fare un elenco delle tue paure e ad affrontarle una alla volta? Pensa a ciò che ti tiene fermo. Non spaventarsi per le piccole cose porta grande fiducia nel futuro. Superando una piccola prova alla volta, ti sorprenderà quanto lontano puoi arrivare.

Ricordi quando hai imparato a nuotare? All'inizio stavi nell'acqua più bassa, con la paura delle onde. Ma poi, a forza di provare e fare piccoli passi, sei diventato un vero **drago marino**.

E sai che c'è? Ti troverai a stupirti di quanto sei cresciuto. La vita cospira per renderti più forte nella mente e nello spirito. Pensaci bene: superando piccole dosi di difficoltà, ti troverai a gestire compiti complessi con più facilità. Più fiducia porta a nuovi **traguardi** - pensa ai fastidi improvvisi e al tuo nuovo atteggiamento verso ognuno di essi.

Non aver paura del fallimento o degli ostacoli; renditi conto che le piccole vittorie di tutti i giorni servono a costruire una versione più forte di te stesso. Affronta le sfide una alla volta, e nel lungo periodo avrai costruito un solido supporto per affrontare qualsiasi cosa ti si presenti davanti.

Riprendersi dalle battute d'arresto

Quando ti trovi di fronte ai **fallimenti**, è normale sentirti scoraggiato. Ma la verità è che questi momenti sono delle opportunità mascherate. Invece di vederli come insuccessi definitivi, devi considerarli come **lezioni** preziose. Ogni fallimento contiene un messaggio, qualcosa da imparare. Pensaci: quando hai sbagliato qualcosa l'ultima volta, non ti ha insegnato qualcosa di nuovo? Esatto. L'errore ti guida verso una comprensione più profonda delle tue azioni e dei loro risultati.

Analizzare una battuta d'arresto è fondamentale per estrarre le giuste lezioni. Dopo ogni flop, prenditi un momento per **riflettere** e chiediti: "Cosa è andato storto? C'è qualcosa che avrei potuto fare diversamente?" A quel punto puoi trasformare ogni svista in un mattoncino per costruire il tuo successo futuro. Non è solo questione di identificare cosa non ha funzionato, ma anche capire il perché. Il perché è la chiave. Ti permette di non ripetere gli stessi sbagli.

Immagina di aver perso una gara importante. Sedendoti a tavolino e rivedendo punto per punto quello che è successo, puoi cercare delle **soluzioni**. Magari era la preparazione fisica o mentale, forse hai sottovalutato l'avversario, o semplicemente hai avuto una giornata no. Datti delle risposte sincere.

Passiamo ora alla tecnica delle "tre cose buone". Nei momenti difficili, è di grande aiuto mantenere una prospettiva positiva. Ogni sera, prenditi qualche minuto per annotare tre cose belle che sono accadute durante la giornata. Magari hai bevuto un caffè davvero buono, hai ricevuto un messaggio incoraggiante da un amico, o forse il tramonto era particolarmente bello. Focalizzarti su questi piccoli momenti di **gioia** ti aiuta a spostare l'attenzione dalle cose negative a quelle positive, dando una bella ripulita alla tua mente.

Quando la vita diventa dura e tutti sembrano tirarsi indietro, risalire a queste note può fare miracoli. Questo esercizio ti permette di vedere che, anche nelle giornate peggiori, c'è qualcosa per cui vale la pena essere grato. Sembra una sciocchezza, ma in realtà aiuta un sacco. Mantiene alta la tua **motivazione** e ti prepara mentalmente ad affrontare le sfide future.

In conclusione, vedere i fallimenti come opportunità di apprendimento, fare un'analisi approfondita delle battute d'arresto e usare la tecnica delle "tre cose buone" sono passi importanti per costruire **resilienza** e grinta. Queste pratiche non cambiano solo come affronti i momenti difficili, ma anche come ti rapporti con te stesso e con quello che desideri raggiungere. **Determinazione** e pazienza diventano le tue armi migliori. Ricorda - ogni ostacolo superato ti rende più forte e più pronto per la prossima sfida.

Il Potere della Perseveranza

Parliamo di **grinta**. La grinta è, in sostanza, la capacità di continuare a spingere nonostante le difficoltà. È quella sorta di **determinazione** che ti fa andare avanti quando il gioco si fa duro. Senza grinta, è facile arrendersi ai primi intoppi. Ma chi ha grinta? Calciatori, imprenditori di successo, chi ha lasciato un'eredità importante – tutti loro hanno dimostrato di possederne quantità enormi. Ed è la grinta che solitamente distingue chi ce la fa veramente dagli altri. Non è solo talento, è la capacità di rialzarsi ogni volta che cadi.

Certo, il **successo** a lungo termine non arriva solo perché sei nato con grinta. Va coltivata. Non esiste un unico percorso per sviluppare questa dote, ma ci sono alcuni passi che puoi fare per iniziare. Un primo passo fondamentale? Adotta una mentalità di crescita. Credere che puoi migliorare con il tempo è fondamentale. Se invece pensi che i tuoi talenti siano fissi, ti sentirai frustrato e facilmente ti arrenderai.

Ok, ma come si sviluppa questa **mentalità**? Beh, cerca di vedere errori e fallimenti come opportunità per imparare, non come prove definitive della tua incapacità. Chi ha una mentalità di crescita capisce che ogni caduta apre la strada a nuove possibilità. Leggi le biografie di qualcuno come Walt Disney, che è stato licenziato per mancanza di immaginazione, o Steve Jobs, che è stato buttato fuori dalla sua stessa azienda – sono perfetti esempi di chi ha utilizzato i fallimenti come trampolino di lancio.

E quando sei lì, esausto e senza energie, cosa ti mantiene in pista? I "piccoli **successi**". Eh sì, molto spesso la **motivazione** non deriva dai traguardi colossali, ma dalle piccole vittorie che ottieni lungo la strada. Facciamo così: invece di concentrarti solo sul risultato finale, celebra ogni piccola conquista. Hai scritto una pagina del tuo libro oggi? Festeggia! Hai concluso quella parte noiosa del progetto? Fatti un bel complimento! Questo non è solo un modo per mantenere alta la motivazione, ma alimenta anche la tua autostima.

Ok, un passo alla volta, piccole conquiste e una mentalità di crescita. Vedi? Non serve altro per essere più perseverante. Non serve avere tutto subito, serve la pazienza di andare avanti, di cadere e rialzarsi. La **perseveranza** è come un muscolo – più la alleni, più diventa forte. Non c'è bisogno di essere perfetti, basta non mollare mai. E chi ha detto che non ce la farai? Inizia ora, un piccolo passo alla volta...

Resilienza e grinta sono come pane e burro – inseparabili quando si tratta di raggiungere obiettivi a lungo termine. Non riguarda quanto puoi fare in una settimana, ma quello che fai giorno dopo giorno, anche quando sembra impossibile andare avanti.

Tecniche di gestione dello stress

Allora, parliamone un po'. Lo **stress** cronico è un vero burrascoso nel regno della tua vita quotidiana. Non è solo fastidioso, fa molto di peggio. L'**autodisciplina** e il processo decisionale? Possono andare a farsi benedire. Insomma, quando sei costantemente sotto pressione, il tuo corpo produce troppo cortisolo. Questo aumento di cortisolo, col tempo, può portare a decisioni avventate e difficoltà nel mantenere la disciplina. Pensa a tutte quelle volte in cui eri stressato e hai finito per mangiare cibo spazzatura o lasciare tutto in sospeso. Esatto, è come cadere in una trappola che ti ostacola.

Va bene, fin qui tutto chiaro? Facciamo un passo avanti. Come puoi identificare i tuoi **trigger** personali di stress? Be', diciamo pure che è un po' come fare il detective di te stesso. Prendi nota delle situazioni in cui ti senti sopraffatto. Magari è il lavoro, le relazioni o anche capire cosa vuoi dalla vita. Comincia a scrivere tutto, un piccolo diario, anche digitale se preferisci. Fragili momenti come quel senso di oppressione a metà giornata o la sensazione di impotenza quando sei troppo pieno di cose da fare sono campanelli d'allarme.

Dopo aver identificato i tuoi trigger, passiamo alla parte davvero interessante: sviluppare **strategie** di coping proattive. Più campi benessere, meglio è. Prova attività come la **meditazione**, leggere un buon libro, o ascoltare musica rilassante. Cerca qualcosa che davvero ti aiuti a sgonfiare quella tensione. Anche l'esercizio fisico, diciamo una camminata di 30 minuti, può fare miracoli.

Senti che è troppo impegnativo? Eccoci qui ad un trucchetto rapido per alleviare lo stress: la tecnica del "**box breathing**". Qui non servono attrezzi strani, solo un po' di concentrazione. Si tratta di respirare seguendo uno schema ben definito. Inspira per 4 secondi, mantieni l'aria nei polmoni per altri 4, espira per 4, e poi rimani vuoto per altri 4 secondi. Fallo per un paio di minuti, e ti ritroverai più calmo. Provalo prima di un incontro importante o quando questa moderna giungla urbana ti scuote troppo.

Ma aspetta... Tutto ciò suona semplice, giusto? Certo, ma non lo è. È importante fare di queste tecniche parte della tua **routine**. È più facile dire "sarò più disciplinato" che farlo. Una buona idea può essere utilizzare promemoria sul telefono o programmazioni regolari. Se la box breathing ti aiuta, metti un allarme per farlo più volte al giorno. Ogni volta dai il meglio per far sì che queste pratiche non diventino solo belle intenzioni.

Capirai meglio quanto potere puoi prendere sulla tua vita iniziando a controllare il modo in cui rispondi allo stress. Resistere alle **tentazioni** sarà più semplice, e i tuoi obiettivi sembreranno più raggiungibili. Ma non dimenticare di divertirti lungo il cammino... essere troppo rigidi non fa male solo alla mente ma alla qualità della propria vita. Rendere lo stress una parte gestibile del tuo percorso è fondamentale. Non è questione di eliminarlo del tutto, cosa che spesso è impossibile, ma di renderlo qualcosa che, con gli strumenti giusti, puoi dirigere come un maestro d'orchestra.

Esercizio Pratico: Attività per Sviluppare la Resilienza

Per cominciare, **scegli** qualcosa che vuoi fare ma che ti mette un po' di paura. Qualcosa che è difficile, ma non impossibile. Uscire dalla tua zona di comfort è essenziale per crescere. Non deve essere qualcosa di eccessivamente grande; può essere qualcosa come correre cinque chilometri o imparare a cucinare un nuovo piatto. Deve essere qualcosa che ti **sfida** ma che ti permette di vedere progressi reali.

Una volta scelto il tuo obiettivo, devi dividerlo in piccoli passi. Se vuoi correre cinque chilometri, comincia col pianificare a correre un chilometro, poi due, e così via. Non hai bisogno di completarli tutti in una volta. **Frammenta** il tuo obiettivo in parti che puoi gestire e che ti permettono di fare piccoli successi ogni giorno. Ogni passo è un tassello verso il raggiungimento del tuo obiettivo più grande.

Ora, **impegnati** a fare qualcosa ogni giorno per una settimana. Questo è come costruire un'abitudine. Non saltare giorni, anche se inizia a diventare difficile. La chiave è la costanza. Fare un piccolo passo ogni giorno ti crea una routine e aumenta la fiducia in te stesso.

Dopo ogni passo, **scrivi** un diario delle tue esperienze. Annota le tue emozioni, le difficoltà che hai incontrato, e quello che hai imparato. Questo non solo ti aiuta a prendere coscienza dei tuoi progressi, ma ti aiuta anche a riflettere su come gestire meglio gli ostacoli. Può sembrare una sciocchezza, ma mettere nero su bianco le tue emozioni ti offre una prospettiva diversa e può essere molto illuminante.

Dopo una settimana, **rifletticí**. Guarda quanti piccoli passi hai compiuto e pensa se c'è qualcosa che puoi aggiustare. Sta andando tutto come previsto? Ci sono ostacoli che non avevi considerato? Questo è il momento di aggiustare la tua strategia. Se hai bisogno di ridurre i passi, va bene così. La flessibilità è parte della resilienza.

Col passare del tempo, aumenta gradualmente la difficoltà delle tue sfide. Se all'inizio correre un chilometro ti sembrava duro, ora potresti aumentare a due o tre. Le sfide più difficili aiutano a crescere, a costruire forza mentale e a espandere la tua zona di comfort. Mano a mano che diventi più sicuro di te, **osa** di più.

Non dimenticarti di celebrare i tuoi successi. Ogni piccolo risultato è una vittoria. Confronta anche solo con te stesso quanto lontano sei arrivato. Analizza anche i tuoi fallimenti non come ostacoli insormontabili, ma come opportunità di crescita. C'è sempre qualcosa che si può imparare, anche dagli errori. Insomma, accettali con lo spirito giusto.

Continua a spingere oltre i tuoi limiti per un mese. Un mese intero di piccoli passi e grandi cambiamenti. Vedrai che la tua resilienza e la tua zona di comfort saranno notevolmente espanse. Potresti non realizzare quanto sei cresciuto fino a quando non guarderai indietro e vedrai tutti i piccoli passi che hai fatto, tutte le piccole sconfitte che hai superato. Questo processo di cambiamento non è affatto leggero, ma ne vale sempre la pena.

Insomma, il segreto sta tutto nel prendere un piccolo passo ogni giorno, rifletterci su, e non avere paura di aggiustare il tiro. Piccoli cambiamenti portano a grandi successi. E alla fine quella resilienza cambia davvero le cose. Tipo tutto infatti.

In Conclusione

Questo capitolo ti ha trasportato nel **mondo** della forza interiore, aiutandoti a comprendere l'importanza della **resilienza** e della **grinta** nel raggiungimento dei tuoi obiettivi. Attraverso semplici passi e tecniche, puoi costruire una mente più forte e solida.

Hai esplorato il concetto di inoculazione dello **stress** e come ti aiuta a diventare mentalmente più forte. Hai capito l'importanza di **sfidarti** gradualmente per aumentare la tua resilienza. Hai scoperto la tecnica dell'espansione della zona di **comfort** per affrontare le paure e rafforzare la fiducia in te stesso. Hai approfondito il significato del "grit" e come si collega al **successo** a lungo termine. Infine, hai imparato strategie per mantenere la **motivazione**, come quella dei "piccoli successi".

Ora che hai letto e compreso queste idee, è il momento di metterle in pratica. Non avere paura di affrontare nuove sfide: ogni piccolo passo che fai fuori dalla tua zona di comfort è un passo verso una versione migliore e più forte di te stesso. Sei pronto a costruire una mentalità di ferro e a raggiungere i tuoi obiettivi. Datti una mossa e vai avanti con fiducia!

Capitolo 9: Il Ruolo della Salute Fisica nell'Autodisciplina

Hai mai riflettuto su quanto la tua **salute** fisica possa influenzare la tua **autodisciplina**? Sono qui per dirti che è una delle chiavi più potenti per migliorare il controllo di sé. Sì, hai capito bene. Non è una teoria strampalata, ma una realtà che può trasformare il tuo modo di vedere la vita.

Quando pensi alla salute, ti vengono subito in mente **nutrizione**, **sonno** ed **esercizio**, vero? E se ti dicessi che questi elementi non sono solo importanti per il tuo corpo, ma anche per la tua mente? Durante questa lettura, ti prometto che cambierai il modo in cui vedi la tua routine quotidiana. Attenzione però, non sto per suggerirti cose strane o difficili da mettere in pratica. Solo concetti semplici che possono avere un impatto concreto.

Immagina di sentirti pieno di **energia**, mentalmente lucido e capace di mantenere la **concentrazione** senza sforzo. Non sembra proprio un sogno impossibile, vero? Scoprirai come ogni singolo aspetto della tua salute fisica può favorire una maggiore disciplina personale. Hai voglia di scoprire questi segreti e trovare modi pratici per applicarli subito? Sei nel posto giusto. Questa avventura cambierà il tuo rapporto con te stesso in modi che non avresti mai immaginato.

Nutrizione e il suo impatto sulla forza di volontà

Parliamo del collegamento tra i livelli di **glucosio** nel sangue e la tua funzione cognitiva. Sai che il tuo **cervello** ha bisogno di zucchero per funzionare al meglio? Proprio così. Il glucosio è la principale fonte di **energia** per il cervello. Quando i livelli di zucchero nel sangue sono troppo bassi, ti senti stanco e confuso. Ti ritrovi con la sensazione di nebbia in testa e nessuna forza per prendere decisioni sensate. Al contrario, se i livelli di zucchero nel sangue sono regolati, il tuo cervello è sveglio, lucido e pronto all'azione.

Quindi, cosa mangiare per mantenere i tuoi livelli di glucosio stabili?

Pensa a una **dieta** equilibrata. Niente troppi zuccheri raffinati o carboidrati vuoti. Invece, rifletti su come includere proteine, grassi sani e carboidrati complessi in ogni pasto. Le proteine sono come la marcia costante di una macchina, forniscono energia stabile e duratura. I grassi salutari fanno bene al cervello e ti fanno sentire sazio più a lungo, evitandoti le voglie improvvise. I carboidrati complessi – quelli buoni – si digeriscono lentamente, così da non dare un picco di energia e il classico calo subito dopo.

Ora, come creare questa dieta equilibrata?

Facciamo semplice mettendo in pratica il "metodo del **piatto**". Immagina il tuo piatto diviso in tre parti. Mezza porzione dedicala a verdure e frutta – ortaggi a foglia verde, pomodori, carote, mele, arance. Un quarto del piatto riempilo con proteine: pesce, pollo, uova, legumi o tofu, magari. E l'ultimo quarto lascialo per i carboidrati complessi: quinoa, riso integrale, patate dolci.

Vuoi renderla ancora più semplice? Segui questi suggerimenti:

- Verdure prima di tutto. Sceglile di diversi colori.

- Aggiungi proteine che ami (senza esagerare con le porzioni).

- Completa con carboidrati che liberano energia lentamente.

- Un piccolo condimento di grassi sani – un filo d'olio d'oliva, qualche noce o avocado.

Mangiare sempre lentamente, gustare i cibi e ascoltare il tuo corpo ti aiuterà a riconoscere quando sei veramente pieno, evitando così di mangiare troppo, il nemico di ogni forza di **volontà**!

Ora, perché tutto questo ha senso? Beh, mantenendo stabili i livelli di zucchero nel sangue, non solo ti sentirai meglio fisicamente, ma la tua mente sarà più calma, i pensieri saranno più chiari e sarai più capace di focalizzarti sui tuoi **obiettivi**. Potrai rubare al tempo i momenti di debolezza. Chi l'avrebbe mai detto che quello che metti nel piatto potesse influenzare tanto la tua autodisciplina?

Allora, rifletti su quanto sia basilare nutrire non solo il tuo corpo, ma anche la tua mente, con il giusto mix di alimenti. La prossima volta che prepari un pasto, ripensa al piatto come alleato delle tue scelte e della tua forza di volontà. Facendo questo, sarai un passo più vicino ai tuoi obiettivi senza che il cucchiaino di zucchero sabotaggi i tuoi propositi. Semplice, no?

L'esercizio fisico come potenziatore della disciplina

Parliamo un po' dei **benefici** dell'esercizio fisico regolare. Sai, fare esercizio non è solo per ottenere un fisico scolpito. Dietro a ogni sessione di allenamento, ci sono dei processi neurochimici incredibili che avvengono nel tuo cervello. Ti aiuta a sentirti meglio e anche a pensare meglio. Facciamo il punto.

Quando fai attività fisica, produci **endorfine**. Hai presente quel senso di benessere che hai dopo una bella corsa o una sessione in palestra? Ecco, sono le endorfine che ti fanno sentire così. Queste sostanze chimiche, che funzionano come antidolorifici naturali, migliorano il tuo umore. Poi c'è la **dopamina**, il neurotrasmettitore della ricompensa. Quando ti alleni, il tuo cervello la rilascia, aiutandoti a sentirti gratificato e motivato a continuare. Quindi, vedere progressi nell'attività fisica funziona anche sul piano mentale. Infine, c'è il ruolo del BDNF (fattore neurotrofico derivato dal cervello), una proteina che supporta la funzione cognitiva. Insomma, fare esercizio è come dare una scrollata al cervello, rendendolo più efficiente e felice.

Ma come integri tutto questo nella tua vita quotidiana? Progettiamo una **routine** di esercizi sostenibile e allineata con i tuoi obiettivi. Qualcosa che non vedrai come un peso, ma come una parte piacevole della tua giornata. Prima cosa, chiediti quali sono i tuoi **obiettivi**. Vuoi perdere peso? Migliorare la resistenza? Semplicemente sentirti meglio? Scegli qualcosa che ti piaccia: se ti annoiano i pesi, prova il nuoto o la bicicletta. Ricorda, l'importante è la costanza, non tanto il tipo di attività.

Pensa anche all'orario. Sei uno che si butta giù dal letto con entusiasmo? Fai esercizio al mattino. Se sei più una persona serale, ben venga un allenamento dopo il lavoro. Crea una routine che si incastri perfettamente nella tua vita, così da rispettarla senza troppa fatica. Magari segna tutti i tuoi allenamenti in un calendario, così vedere i giorni riempirsi di attività fisica ti darà un'ulteriore spinta.

Infine, come fare a integrare questa **abitudine** nel lungo periodo? Qui entra in scena il "ciclo dell'abitudine". Ogni abitudine è composta da tre parti: il segnale, la routine e la ricompensa. Immagina di voler iniziare a correre al mattino. Il segnale può essere mettere le scarpe da corsa accanto al letto. Questo ti ricorderà che devi uscire a correre non appena ti alzi. La routine è la corsa stessa e la ricompensa potrebbe essere la sensazione di benessere post-corsa, una tazza di caffè o una sana colazione.

Rendi questi passaggi ripetibili. Insomma, fai in modo che diventi automatico—qualcosa che fai senza pensarci troppo. E quando capitano dei giorni in cui proprio non hai voglia, ricorda i **benefici** che l'esercizio ha sul cervello e sull'umore e, pian piano, vedrai che diventa naturale.

Abituarsi all'esercizio fisico richiede del tempo, lo so. Ma ti prometto che con un po' di **disciplina**, diventerà una delle parti migliori della tua giornata, quindi, continua a muoverti!

Ottimizzazione del sonno per la chiarezza mentale

Sai cosa si dice: "Un buon sonno fa **meraviglie**." Ed è proprio vero. La qualità del sonno influisce direttamente sul tuo processo decisionale e sul controllo degli impulsi. Quando dormi bene, il tuo **cervello** è più vivace. Immagina te stesso in una giornata particolarmente indaffarata: tutto sembra più lucido e chiaro dopo una notte di sonno ristoratore, vero?

Un cattivo sonno, invece, ti rende fiacco e uggioso. Sei più incline a fare scelte sbagliate e a cedere alle tentazioni. Magari ti ritrovi a prendere quell'ennesima tazza di caffè o a guardare un'altra puntata su Netflix invece di andare a letto. Quella mancanza di sonno amplifica il tuo chiacchierio interno. Alla fine, tutto ciò influisce sulla tua **autodisciplina**.

Ora, come puoi migliorare la qualità del tuo sonno? Inizia creando una routine efficace di igiene del sonno. Non hai bisogno di cose complicate. Pensa a:

• Stabilire un orario fisso per andare a dormire e svegliarti, anche nei fine settimana.

- Creare un ambiente tranquillo: luci soffuse, magari una mascherina per gli occhi.
- Evitare cibi pesanti, caffeina e alcol prima di dormire.
- Dedicarti a un'attività rilassante come leggere un libro (possibilmente cartaceo, niente schermi).

Parlando di ritmi rilassanti, una tecnica fantastica è il rilassamento muscolare progressivo. Ha un nome che sembra già complicato, ma fidati, è super semplice. Consiste nel tensionare e rilassare gruppi muscolari del corpo, per eliminare lo **stress** residuo.

Proviamoci insieme. Sdraiati sul letto bello comodo. Inizia dai piedi: contrai i muscoli, tienili stretti per 5 secondi... e rilasciali. Puoi già sentire una leggera distensione. Ora, passa ai polpacci, alle cosce, fino a risalire al viso. Inspira profondamente, trattieni un momento e rilascia. Ogni gruppo muscolare massaggiato ti condurrà magicamente a una sensazione di tranquillità.

Per migliorare ulteriormente, prova ad aggiungere altre piccole abitudini. Magari un po' di **meditazione** prima di dormire, un bagnetto caldo, o ascoltare musica soft. Roba semplice. Se metti in atto questa routine ogni notte, ti sorprenderai di quanto il sonno diventerà più profondo e una tua nuova abitudine amata.

Alla fine dei conti, avere una routine serale specifica è come preparare i pezzi di un puzzle per il grande risultato: da Delfino Notturno a Chiarezza Mentale a portata di mano. Sapendo come il sonno impatta sulle tue capacità di controllo e preparandoti nel modo giusto, otterrai la **competenza** necessaria ad aiutare la tua autodisciplina. Quindi, stasera prova a fare alcune di queste cosette prima di spegnere i tuoi schermi elettronici e metti piede nel magico mondo del buon **sonno**.

La Connessione Mente-Corpo nell'Autocontrollo

Parliamo della "**cognizione incarnata**". Questo concetto dice che la nostra **mente** e il nostro **corpo** non sono due cose separate. Anzi, lavorano insieme. Ok, magari suona un po' strano all'inizio. Ma quando ci pensi, ha perfettamente senso. Non è solo il cervello a influire sul corpo. Anche il corpo può influenzare la mente. Questo è davvero importante per l'**autodisciplina**.

Quando sei stressato, come ti senti fisicamente? Probabilmente stringi i muscoli, magari hai il cuore che batte più veloce. È come se il tuo corpo fosse collegato alle tue emozioni, no? La cognizione incarnata afferma proprio questo. E usare questa connessione può migliorare il tuo **autocontrollo**.

Ad esempio, pensa a come ti siedi o ti alzi. La tua posizione cambia il tuo stato mentale. Se hai una postura chiusa, con le spalle anziate e la testa bassa, ti sentirai meno sicuro. Questo può rendere più difficile prendere decisioni corrette. Al contrario, se hai una postura aperta, con le spalle indietro e la testa alta, ti sentirai più fiducioso. E questo può aiutarti a mantenere l'autocontrollo.

E qui entra in gioco il "**power pose**". Questa è una tecnica davvero facile che puoi usare ovunque. Ti posizioni in una postura di potere per due minuti. Piedi ben piantati a terra, spalle indietro, braccia al cielo o sui fianchi come Wonder Woman o Superman. Sembra un po' sciocco, ma ti assicuro che funziona. Puoi farlo prima di una situazione importante che ti mette un po' d'ansia. Tipo un colloquio di lavoro o un esame. La scienza dice che aumenti i livelli di testosterone e abbassi quelli di cortisolo. Tradotto: ti sentirai più forte e meno stressato.

Ma non è solo una questione di postura. Anche altri **movimenti** possono aiutarti. Fare attività fisica, tipo una corsa o una sessione di yoga, cambia davvero come ti senti. Perché sì, il corpo influisce su come pensi e come decidi. È un cerchio che si alimenta. Muovendo il corpo, mandi segnali al cervello tipo "Ehi, siamo energici, siamo in grado di gestire le cose". E questo davvero ti aiuta a restare disciplinato.

Quindi, la prossima volta che senti di perdere il controllo o che stai cedendo a una tentazione, prova a cambiare il tuo linguaggio del corpo. Siediti dritto, fai una "power pose" o fai una breve passeggiata. Così, dai una mano al tuo cervello.

Mai pensato prima d'ora che sedersi dritto o camminare potesse avere tanta importanza, vero? E così, in modo naturale, puoi allenare la tua mente attraverso il corpo. Non servono strumenti particolari o tecniche complesse. Solo te stesso e un po' di consapevolezza.

E come per tutte le cose, ci vuole **pratica**. Più lo fai, più diventa parte della tua routine. È un po' come allenarsi in palestra. All'inizio è difficile, ma poi diventa più facile e naturale.

Insomma, questa è la cognizione incarnata in pillole. Mente e corpo che lavorano insieme per aiutarti a essere più disciplinato. Fermati un attimo e pensa: come puoi usare il tuo corpo per migliorare il tuo autocontrollo? Prova a sperimentare, adesso che hai alcuni strumenti. Il potere è nelle tue mani – letteralmente.

Esercizio Pratico: Creare un Piano di Salute Olistico

Per **cambiare** davvero il modo in cui ti senti e ti comporti, comincia da qui: valuta le tue attuali abitudini. Parla del tuo regime alimentare, delle tue routine di esercizio fisico e, soprattutto, delle tue abitudini di sonno. Prendi un foglio, una penna, e scrivi: quanti caffè bevi, quante volte vai in palestra, e quante ore dormi. Butta giù tutto.

Fatto questo, passiamo agli **obiettivi** specifici. Vuoi mangiare meno zuccheri? Fissalo. Vuoi fare esercizio fisico tre volte alla settimana? Mettilo nella lista. Più sonno di qualità? Includiamolo pure. Ricorda di rendere tutto misurabile, come "Evitare snack zuccherati nel pomeriggio" o "Fare 30 minuti di cardio il lunedì, mercoledì e venerdì."

Dopo aver stabilito obiettivi chiari, è il momento di creare un **piano** settimanale dei pasti che supporti i tuoi nuovi obiettivi nutrizionali. Pianifica ogni pasto e snack, non per essere restrittivo ma per avere una guida che ti aiuti a rimanere sulla strada giusta. Scrivi quello che mangerai a colazione, pranzo, cena e spuntini. Cerca di variare per non annoiarti.

Parlando di **allenamento**, proiettati su una routine di esercizi che sia realistica e adatta al tuo programma e alla tua vita quotidiana. Magari preferisci fare esercizio al mattino per iniziare bene la giornata, oppure alla sera per scaricare lo stress. Non importa quando, importa che sia fattibile. Nessuno vuole un piano che non riesce a rispettare.

Quindi, sull'orario di **sonno** coerente. Non sottovalutarlo. Stabilisci un momento in cui spegni tutti i dispositivi elettronici, e crea una routine prima di andare a dormire che segua sempre gli stessi passi: leggere un libro, ascoltare musica rilassante, fare una doccia calda. Insomma, qualcosa che tranquillizzi la mente e prepari il corpo al riposo.

Hai fatto tutto questo? Bene, è l'ora di seguire il tuo nuovo piano per due settimane. Osserva se ricadi in vecchie abitudini o se invece sei costante. Tieni un **diario** dove annoti i tuoi progressi quotidianamente. Vedere nero su bianco può essere motivante... o darti una svegliata, a seconda dei casi.

Alla fine delle tue due settimane, valuta l'**impatto** che il piano ha avuto sulla tua energia, concentrazione e autodisciplina. Hai più energia quando ti alzi la mattina? Riesci a concentrarti meglio al lavoro? Sentiti subito libero di apportare migliorie dove vedi che non va come speravi.

E ora... avanti per un altro mese con le eventuali modifiche. Non hai fatto tutto questo lavoro per niente! Guarda come reagisce il corpo a queste abitudini consolidate nel tempo. Se c'è da aggiustare qualcosa, aggiustala.

Così facendo, costruirai una base solida che può fare miracoli sulla tua autodisciplina e cambierà radicalmente come ti senti ogni giorno. Il cammino potrebbe essere **traballante** all'inizio, ma con costanza e determinazione, sarai sulla rotta giusta.

In Conclusione

In questo capitolo, abbiamo esplorato come la **salute** fisica influenzi la **disciplina** personale. Abbiamo imparato che prendersi cura del corpo è essenziale per migliorare la forza di volontà e raggiungere i tuoi **obiettivi**. Esaminando l'**alimentazione**, l'**esercizio** fisico e il **sonno**, abbiamo evidenziato l'importanza di una vita sana per sviluppare l'autodisciplina.

Abbiamo trattato diversi punti importanti:

• Il legame tra i livelli di glucosio nel sangue e la funzione cognitiva.

• Come creare una dieta equilibrata che mantenga energia e concentrazione.

• Il metodo del "piatto" per pianificare i pasti in modo semplice.

• I benefici neurochimici dell'esercizio fisico regolare sulla mente e l'umore.

• Come progettare una routine di esercizio sostenibile e in linea con i tuoi obiettivi.

Inoltre, abbiamo dato un'occhiata veloce a:

• L'importanza della qualità del sonno per prendere decisioni e controllare gli impulsi.

• Come creare una routine efficace per dormire bene.

• Il concetto di cognizione incarnata e come influenza l'autodisciplina.

• Come usare il linguaggio del corpo e la postura per influenzare la mente e le decisioni.

• La tecnica del "power pose" per aumentare la fiducia e l'autocontrollo.

Prendi a cuore quanto hai imparato in questo capitolo e inizia a mettere in pratica questi concetti nella tua vita. Adottare **abitudini** sane non solo rafforzerà il tuo corpo, ma potenzierà anche la tua capacità di restare determinato e concentrato sui tuoi obiettivi. La tua salute fisica è la base per un'autodisciplina forte e duratura. Rimani motivato e vedrai i risultati.

Capitolo 10: Regolazione Emotiva e Autodisciplina

Hai mai avuto quei giorni in cui le **emozioni** sembrano incontrollabili? Sì, anch'io. Ma immagina di poter prendere quelle emozioni e usarle come una **forza** a tuo favore. Questo capitolo potrebbe essere il punto di partenza per un nuovo te. Ti chiederai come? Inizia con l'identificazione di quei piccoli **segnali** che fanno scattare le tue reazioni. Non è poi così complicato.

Passiamo poi a tecniche vere e proprie per mantenere il **controllo** emotivo. Dopotutto, non si tratta solo di riuscire a contare fino a dieci, giusto? È più come trovare **equilibrio** dentro di te e usarlo sulle montagne russe della vita quotidiana.

Ora, so che può sembrare strano, ma immagina di trasformare le emozioni in **motivazione**. Sembra impensabile, lo so, ma tutto diventa una risorsa se usato bene. Parleremo anche dello sviluppo dell'**intelligenza** emotiva. Roba che può davvero fare la differenza.

Alla fine, una pratica concreta: tracciare le emozioni e pianificare le risposte. Una cosa semplicissima, ma incredibilmente efficace. Se vuoi davvero scoprire come cambiare il rapporto con le tue emozioni e **autodisciplina**, allora questo capitolo fa proprio al caso tuo.

Identificare e Gestire i Fattori Scatenanti Emotivi

Hai mai riflettuto sull'importanza dell'**intelligenza emotiva** per l'autodisciplina? In parole semplici, è la capacità di riconoscere, capire e gestire le tue emozioni e quelle degli altri. Pensa a quante volte i sentimenti possono influenzare le tue **decisioni** e la tua capacità di mantenere la disciplina. Più sei consapevole delle tue emozioni, meglio riesci a gestirle, e questo è fondamentale per non compromettere i tuoi obiettivi.

Sai, una strategia utile per riconoscere i tuoi fattori scatenanti emotivi è tenere un **diario**. In pratica, ogni volta che ti senti sopraffatto o reagisci d'impulso, prendi nota di ciò che sta accadendo intorno a te. Chi c'era? Cosa stavi facendo? Che pensieri ti frullavano in testa? Annotando queste informazioni, potresti iniziare a vedere delle reazioni comuni o dei modelli ricorrenti. Magari scopri che ogni volta che sei sotto pressione al lavoro, ti senti incredibilmente frustrato e questo ti porta a fare scelte sbagliate.

Per mantenere il diario dei fattori scatenanti emotivi:

• Annota il momento in cui provi un'emozione forte.

• Indica chi o cosa ha scatenato quella reazione.

• Descrivi l'intensità del sentimento.

• Rifletti su come hai reagito e cosa avresti voluto fare diversamente.

Questi esercizi sono come un processo di auto-scoperta che ti aiuta a capire meglio le tue reazioni alle emozioni e, di conseguenza, a prenderne il controllo.

A volte, però, non basta riconoscere i fattori scatenanti. Devi anche sapere come gestire le emozioni quando esplodono. E qui entra in gioco la tecnica "**STOP**" – Fermati, Respira, Osserva, Procedi. Può sembrare banale, ma è incredibilmente efficace.

Ti capita mai di sentire improvvisamente grandi emozioni, come rabbia o ansia? La prossima volta che succede, prova così:

- Fermati: Interrompi ciò che stai facendo. Non fare altri passi senza pensarci bene prima.

- Respira: Fai qualche respiro profondo. Questo aiuta a calmare il sistema nervoso e ti dà un momento per riprenderti.

- Osserva: Nota cos'è che ti sta scatenando questa reazione. Cosa stai pensando? Cosa sta succedendo? Qui entra la parte del diario, comprese le tue annotazioni.

- Procedi: Ricordati dei tuoi obiettivi e delle tue priorità prima di agire. Come puoi rispondere alla situazione in modo da restare in linea con l'**autodisciplina** che stai cercando di mantenere?

La tecnica STOP non solo aiuta a calmare le emozioni intense, ma ti offre anche un piccolo spazio per riflettere prima di agire. Così riesci a scegliere una risposta consapevole, invece di reagire d'istinto.

Ovviamente, non sarà facile fin da subito. Come ogni altra cosa, richiede **pratica**. Pensa ai momenti in cui hai già perso il controllo, inizia da lì e vedrai che piano piano, inizierai a gestire meglio le tue emozioni.

Imparare a identificare e gestire i fattori scatenanti emotivi è un passo essenziale verso una maggiore autodisciplina. Con intelligenza emotiva, un diario proattivo e la tecnica STOP, sarai meglio **equipaggiato** per affrontare ogni ostacolo emotivo che incontrerai lungo la via. E così, ogni piccolo passo ti avvicinerà sempre di più ai tuoi obiettivi.

Tecniche per l'Autocontrollo Emotivo

Hai mai riflettuto su come **descrivi** le tue emozioni? Quando ti senti felice, triste o arrabbiato, hai davvero le parole giuste per spiegare cosa provi? È fondamentale sviluppare un **vocabolario** per le emozioni. Non si tratta solo di etichettare ciò che senti; ti aiuta anche a migliorare la **consapevolezza** di te stesso. Quando sai esattamente cosa stai provando, sei già un passo avanti verso il controllo. Ad esempio, distinguere tra essere semplicemente "nervoso" e "ansioso" ti permette di affrontare meglio le diverse situazioni. Sei più preparato e capisci meglio come le tue emozioni agiscono su di te e come reagire.

Proviamo un'altra tecnica: la **rivalutazione** cognitiva. In pratica, si tratta di cambiare il modo in cui interpreti una situazione per modificare la tua risposta emotiva. Immagina di essere in ritardo per un appuntamento importante. Potresti agitarti e pensare che sarà un disastro, peggiorando di fatto la tua agitazione. Ma cosa succederebbe se invece cambiassi il tuo pensiero? Tipo, se pensassi che questo ritardo possa darti il tempo di prepararti meglio o riflettere su ciò che dirai? Vedrai subito come la tua ansia tende a svanire. Non dico che sia facile, ma con un po' di pratica, diventa un'abitudine efficace per gestire le emozioni nelle situazioni difficili.

Infine, parliamo del **distanziamento** emotivo, una tecnica super utile per prendere un po' di respiro dalle emozioni intense. Quando sei travolto da emozioni forti, è facile prendere decisioni affrettate o pensare in modo irrazionale. Allora perché non provare a distanziarti un po'? È come guardare la tua situazione da un punto di vista esterno. Puoi, per esempio, immaginarti di essere una mosca sul muro o fingere di dare un consiglio a te stesso come faresti con un amico. Strano, vero? Ma questo trucco può davvero fare la differenza. Ti dà quella prospettiva necessaria per rispondere in modo più calmo e razionale.

Quando raccogli le tecniche e le metti in **pratica** ciclicamente, scopri che affronti meglio gli eventi. Più consapevolezza, rivalutazione e distanziamento emotivo diventano parti della tua vita quotidiana, meglio riesci a gestire le emozioni a lungo termine. Sì, ci vogliono un po' di rinforzi ripetuti, ma i benefici valgono davvero lo sforzo.

Non c'è una bacchetta magica che ti trasforma istantaneamente, ma con pazienza, te la puoi cavare alla grande. Prova a stare attento a queste piccole grandi cose quotidiane, e vedrai che pian piano la tua **autodisciplina** migliora. Interessante, vero? Adotta questi piccoli cambiamenti nella tua vita. Potresti sorprenderti positivamente di vedere quanto possano fare la differenza.

Semplice, diretto e, lo speriamo di cuore, anche **utile**!

Usare le Emozioni come Motivazione

Allora, parliamo di come **sfruttare** le emozioni, siano esse positive o meno, per raggiungere i tuoi obiettivi. Non è strano pensare che le emozioni possano essere un carburante per la tua determinazione. Anzi, sono un **motore** potentissimo.

Per esempio, la **gioia**. Pensa a un momento in cui ti sei sentito davvero felice. Magari hai completato un progetto, ricevuto un complimento, o vissuto un'esperienza che ti ha caricato positivamente. Usa quel ricordo. Ogni volta che ti senti giù o senza motivazione, prova a riportare alla mente quella sensazione. Le emozioni positive come la felicità possono funzionare come un turbo per i tuoi impegni quotidiani. È un po' come collegare una carica elettrica alle tue azioni.

E la **frustrazione**? Sì, anche le emozioni negative possono essere utili. Pensa a una volta in cui qualcosa non è andato come volevi.

Sei rimasto deluso, magari pure arrabbiato. Quella rabbia può diventare energia. Direzionandola nel modo giusto, la frustrazione può spingerti a fare di più e meglio per non trovarti più in quella situazione. È una carica diversa da quella della gioia, ma altrettanto potente.

Ora, parliamo delle **ancore** emotive. Sono piccoli trucchi per ricollegarti a emozioni potenti. Come fare? Pensa a un oggetto che può ricordarti un momento importante o emozionante. Può essere una foto, un braccialetto, un foglietto con una frase scritta. Ogni volta che vedi o tocchi quell'oggetto, senti di nuovo quelle emozioni. Diventa quasi automatico. Se hai deciso di metterti in forma e associ quella voglia a, diciamo una tua foto di quando eri in forma, ogni volta che vedi quella foto ti sentirai spinto a mantenere l'impegno.

Anche i riti giornalieri possono agire come ancore. Immagina di cominciare ogni giornata con una piccola routine che ami, come la colazione perfetta o un po' di meditazione. Questa consuetudine creerà una serie di emozioni positive che poi associ alla tua giornata. In pratica: una spinta quotidiana. Vedere per credere!

Passiamo ora a un'altra tecnica efficace: la **visualizzazione** del sé futuro. È un esercizio davvero potente. Chiudi gli occhi e prova a immaginare te stesso tra qualche mese o anno, dopo aver raggiunto i tuoi obiettivi. Vedi il tuo "futuro te" in dettaglio. Come ti senti? Cosa stai facendo? Quelle emozioni che provi nella visione sono una risorsa che puoi utilizzare adesso per motivarti.

Immaginare il tuo **futuro** dà un senso concreto al perché delle tue azioni di oggi. Proietta le emozioni che quel futuro ti fa provare – orgoglio, soddisfazione, serenità – e le ricolleghi al presente. Questa connessione ti dà la forza di superare le sfide quotidiane. Agisci per rendere reale quella visione.

Alla fine, che sia attraverso emozioni positive, rabbia o la visualizzazione del futuro, il trucco è non lasciare che le emozioni dominino il tuo agire, ma parlare con loro, capirle, e usarle a tuo vantaggio. Facci caso la prossima volta che senti un'emozione forte. Non innervosirti, ma chiediti: "Come posso farne la mia **forza**?" Facendolo, diventerai sempre più bravo ad utilizzare questi strumenti e a non farti dominare da loro.

Sviluppare l'Intelligenza Emotiva

Nel disegnare le sfumature dell'intelligenza emotiva, ci sono quattro **componenti** fondamentali: consapevolezza di sé, gestione di sé, consapevolezza sociale e gestione delle relazioni.

Per cominciare, la consapevolezza di sé significa conoscere bene le tue **emozioni**. Saper leggere dentro di te e capire come ti senti è come tenere una torcia accesa in una stanza buia. Quando sei consapevole dei tuoi sentimenti, trovi più facile capire perché reagisci in determinati modi. Magari, quando sei nervoso, inizi a morderti le unghie. Oppure, se sei felice, potresti notare che parli più velocemente del solito.

Questa consapevolezza è il primo passo, decisamente importante, perché prepara il terreno per la gestione di sé. **Governare** le proprie emozioni, infatti, non significa reprimerle, ma saperle controllare. Ritrovarsi arrabbiato, per esempio, non dovrebbe comportare reazioni esplosive, ma spingerti verso una riflessione interna. Una pausa, qualche respiro profondo possono fare la differenza.

Poi, la consapevolezza sociale è tutto l'**ascolto** degli altri. Non si limita a sentire le parole, ma a leggere tra le righe, catturando il tono della voce, il linguaggio del corpo, perfino le espressioni facciali. Qui, la pratica dell'ascolto attivo è al centro. Quando l'altra persona parla, prova a riflettere - ripeti silenziosamente ciò che sta dicendo per sincronizzare meglio il tuo stato d'animo con il suo. Quest'azione aumenta l'empatia e, col tempo, migliora le tue relazioni sociali.

Alla fine, c'è la gestione delle **relazioni** - un mix di tutto quanto detto finora. Si tratta di intrecciare consapevolezza di sé, controllo personale e consapevolezza sociale per costruire legami forti con chi ti circonda. Comunica con chiarezza, capisci i bisogni dei tuoi interlocutori e agisci in modo proattivo. Saper riconoscere quando il tuo capo è stressato e offrirgli supporto non è solo questione di gentilezza, ma di usare la tua intelligenza emotiva in modo efficace.

Un altro strumento affascinante è la tecnica dell'"etichettatura delle **emozioni**". Non farti spaventare dal termine. Significa semplicemente dare un nome preciso alle tue emozioni: sei triste o malinconico? Annoiato o apatico? La precisione delle parole che scegli fornisce maggiore chiarezza su come affrontarle. Mettere l'etichetta "delusione" al posto di un generico "triste" cambia il modo in cui puoi reagire e intervenire.

Praticare questa etichettatura migliora la granularità emotiva e la **comprensione** di sé. Scegliere di descrivere con precisione non solo aumenta la conoscenza dei tuoi stati d'animo, ma ti dà il potere di gestirli meglio - quando riconosci cosa davvero senti, affrontarlo diventa più semplice.

Così, coltivando queste quattro componenti ti scopri ben attrezzato nel percorso della vita. Ecco che la consapevolezza delle proprie emozioni ti aiuterà a ponderare le reazioni, rendendo più agevole la gestione degli alti e bassi delle interazioni quotidiane e costruendo relazioni più solide e positive.

Non è una panacea, ci vuole del tempo - pratica continua. Ma fidati, ogni minuto investito porterà una ricompensa tangibile. Con questi strumenti, ti avvicini ai tuoi obiettivi emotivi e personali senza quei classici momenti di autopiegamento che a volte intralciano la strada. Una bella combo per crescere nel **mindset** giusto e vivere con maggiore serenità.

Allora, continua a praticare giorno per giorno, consapevole che ogni piccolo passo fa la differenza. Non si tratta di cercare la perfezione sin dall'inizio, ma di capire che ogni emozione riconosciuta e gestita è un passo verso una vita più equilibrata e consapevole.

Esercizio Pratico: Monitoraggio delle Emozioni e Pianificazione delle Risposte

Allora, sei pronto per diventare un mago della disciplina emotiva? Fantastico! Cominciamo passo dopo passo.

Prima di tutto, crea un **registro** delle emozioni. Per una settimana dovrai annotare le tue esperienze emotive quotidiane. Un quadernino, un'app sul cellulare, persino un foglio appeso al frigo va benissimo. L'importante è che tu scriva ogni **emozione** che provi, dal fastidio mentre sei in coda al supermercato, alla gioia di una chiacchierata con un amico. Facile, no?

Ora che hai il tuo registro, devi identificarne i modelli. Prenditi il tempo per rivedere le tue note. Vedi qualche schema ricorrente? Magari ti senti spesso frustrato per via del lavoro, oppure ansioso nelle cene in famiglia. Analizzare questi **trigger** emotivi è il passo per capire dove intervenire.

A questo punto, seleziona tre **sfide** emotive comuni. Sarà più facile con una lista chiara delle tue emozioni ripetitive. Magari sei spesso arrabbiato mentre sei nel traffico, deluso dopo un commento negativo su un progetto, o forse sovrastimolato dopo una lunga riunione. La chiarezza delle tre sfide principali è fondamentale.

Ora serve un piano di **risposta** specifico per ciascuna. Prendi ogni sfida e chiediti: come posso reagire in modo più positivo? Se il traffico ti fa impazzire, potrebbe funzionare ascoltare un podcast interessante. Per la delusione da critiche, magari provare a rispondere con una richiesta di feedback costruttivo potrebbe aiutare.

Adesso viene la parte impegnativa: metti in pratica l'implementazione dei tuoi piani di risposta quando sei innescato. La prossima volta che ti trovi in quella situazione stressante, segui il tuo piano. Ricorda, nessuno è perfetto—l'importante è provare.

Ogni giorno, rifletti sull'**efficacia** delle tue strategie. Prima di andare a letto, individua come ti sei sentito durante la giornata e come hai risposto alle situazioni stressanti. Le tue strategie hanno funzionato? Cos'hai imparato? Questo ti aiuterà a capire cosa funziona meglio per te.

Basandoti sulle tue riflessioni, regola i tuoi piani di risposta. Magari il podcast nel traffico era interessante ma non abbastanza rilassante; forse un audiolibro umoristico potrebbe fare al caso tuo. Modifica i tuoi piani come ti sembra più giusto.

Continua questa pratica per un mese, espandendo le tue abilità di **regolazione** emotiva. Man mano che diventerai più bravo, noterai miglioramenti nel tuo controllo emotivo. È davvero un viaggio di scoperta personale.

E sai la parte migliore? Sarai meno soggetto agli alti e bassi delle emozioni, riuscirai a mantenere un equilibrio e sostanzialmente... sarai più **felice**. Non sembra male, vero?

Beh, adesso che hai tutto, mettilo in pratica. Forza e coraggio!

In Conclusione

In questo capitolo abbiamo affrontato il tema della **regolazione emotiva** e della **disciplina personale**. Attraverso diversi concetti e tecniche, abbiamo esplorato come gestire meglio le tue emozioni per rafforzare la tua autodisciplina e raggiungere i tuoi obiettivi. Diamo un'occhiata ai principali punti trattati.

Hai scoperto l'importanza dell'**intelligenza emotiva** e il suo ruolo nella disciplina personale. Hai imparato a creare un diario dei trigger emotivi per identificare schemi e stimoli comuni. Ti abbiamo presentato la tecnica "STOP" (Stop, Take a breath, Observe, Proceed) per gestire le emozioni intense. Hai esplorato l'uso della **rivalutazione cognitiva** per cambiare le tue risposte emotive nelle situazioni difficili. Infine, hai appreso come visualizzare il "sé futuro" per motivarti attraverso le emozioni anticipate.

In poche parole, questo capitolo ti ha fornito **strumenti pratici** per comprendere e gestire meglio le tue emozioni, permettendoti di mantenere la rotta anche nelle situazioni più impegnative. Applicare questi insegnamenti ti aiuterà non solo a **capirti** meglio, ma anche a gestire meglio il tuo tempo e le tue energie. Vai avanti con **consapevolezza** e **determinazione** e vedrai quanto potere puoi trovare dentro di te. Dai, ce la puoi fare!

Capitolo 11: Tecniche di Produttività per la Mente Disciplinata

Hai mai pensato di essere più **produttivo**, di riuscire a fare tutto con meno **sforzo**? Bene, in questo capitolo ti mostrerò come raggiungere proprio questo. Tu ed io faremo un bel viaggio insieme per scoprire **tecniche** semplici ma efficaci. Prima di tutto, facciamo il punto: sei uno che ama fare mille cose contemporaneamente o preferisci concentrarti su una alla volta? Beh, una delle cose su cui insisterò è come **combinare** queste due modalità in modo intelligente.

Ti parlerò anche di come puoi **smaltire** quelle piccole attività quotidiane in soli due minuti. E quando ti trovi sommerso da troppe cose da fare, il "batching" è la parola chiave. Immagina di poter raggruppare **compiti** simili e sbrigare tutto velocemente e senza stress.

Infine, la **tecnologia** è nostra amica. Ti spiegherò come usarla senza farti sopraffare. Ma non è finita qui: ti proporrò anche un esercizio pratico, sì, proprio un piano di audit per migliorare la tua **produttività**.

Quindi, sei pronto per aumentare le tue capacità e diventare un vero maestro della disciplina mentale? Preparati a scoprire strategie che potrebbero davvero cambiarti la vita. Dai, sarà un'avventura davvero entusiasmante!

Concentrarsi su un singolo compito vs. Multitasking

Parliamone, **cambiare** continuamente tra un compito e un altro non è proprio l'idea migliore. Hai mai notato quanto ti senti **stanco** dopo una giornata intera a fare su e giù tra mille attività? Beh, ci sono dei motivi molto validi per questo. Ogni volta che cambi compito, c'è un costo cognitivo - una sorta di prezzo mentale da pagare. Sì, il tuo cervello non è una macchina perfetta che si adatta istantaneamente a nuove mansioni. Ogni switch richiede tempo, energia e risorse mentali che potresti impiegare meglio.

E che dire della **produttività**? Ecco la verità: quando fai multitasking, spesso perdi più tempo di quello che guadagni. Passare da un compito all'altro non solo ti lascia più stanco ma anche meno efficiente. È come cercare di tenere in aria troppe palle contemporaneamente - presto o tardi, ne cadrà una. O tutte.

Quindi, come puoi creare un ambiente che supporti il focalizzarsi su un singolo compito? Innanzitutto, cerca di ridurre le **distrazioni**. Meno notifiche, meno rumore, insomma, meno tutto ciò che ti porta lontano dal tuo obiettivo. Ogni piccola interruzione è come un sasso lanciato nello stagno della tua concentrazione. Magari spegni il telefono - o almeno disattiva le notifiche per un po'.

E poi c'è l'idea di organizzare il tuo **spazio** di lavoro. Tieni solo le cose di cui hai bisogno e sistema tutto il resto. Un ambiente pulito e ordinato ti aiuta a mantenere la mente chiara e pronta a concentrarsi. Vuoi andare ancora più nel dettaglio? Prova a creare routine specifiche che segnalino al tuo cervello che è tempo di lavorare su un singolo compito. Bere una tazza di tè al tuo posto, aprire SOLO quel documento che ti serve, indossare auricolari con musica rilassante. Sì, anche questo fa la differenza.

Ok, ora parliamo di task batching. Sembra una parolona, ma è più semplice di quanto pensi. Immagina di avere un sacco di email da rispondere, articoli da scrivere, e telefonate da fare. Invece di mescolarli tutti insieme nella tua giornata, mettili in "batch," cioè **categorizzali** e affrontali uno alla volta. Dedicati, per esempio, un'ora al mattino solo a rispondere alle email. Poi, magari, due ore nel pomeriggio per scrivere quegli articoli.

Cosa succede quando raggruppi tutte queste attività simili e le fai una dopo l'altra? È magia pura. Risparmi tempo perché resti in modalità "faccio email" o "scrivo articoli" e la transizione mentale - quel noioso costo cognitivo - si riduce drasticamente. Ti liberi da quella fatica mentale fin troppo familiare e ti senti davvero di aver fatto qualcosa di solido con la tua giornata.

Anche qui, un ambiente adatto aiuta. Se hai molti tipi di compiti diversi, organizza il tuo spazio per ciascun tipo. Ti sembra strano? Può darsi. Ma cos'è strano se **funziona**? Quando completi una serie di attività simili tutte insieme, non solo risparmi energia ma finisci per fare tutto in modo più raffinato. Tempo ben impiegato, no?

Ricominciando dal principio, se senti quella vecchia storia che dice "devi essere multitasking per essere produttivo," beh, lasciala perdere. Una mente **disciplinata** sa che la vera efficienza sta nella semplicità: un compito alla volta, un'attenzione chiara e definita. I tuoi obiettivi ti ringrazieranno e, in fondo, ti sentirai anche tu meglio, senza quella frenesia da giocoliere moderno.

La regola dei due minuti per i piccoli compiti

Perché ti **senti** così bene dopo aver completato un piccolo **compito** in un paio di minuti? Non solo hai fatto ciò che dovevi, ma il tuo cervello rilascia una piccola dose di dopamina, che ti fa sentire premiato e appagato. È come dirti "Bravissimo!" da solo. Questo piccolo impulso ti **motiva** ad affrontare altre attività e mantiene il tuo morale alto.

Ma come fai a identificare quei compiti che puoi completare in due minuti o meno? È più facile di quanto credi. Prendi un foglio o un'app per le note sul tuo telefono e fai un elenco di tutte le cose che devi fare. Sembra troppo lungo? Tranquillo, è normale. Ora, guarda l'elenco più da vicino e individua i compiti che, se ci pensi, richiederebbero solo pochi secondi o un paio di minuti. Rispondere a un'e-mail veloce... mettere via quel libro sulla scrivania... dare un'occhiata rapida al calendario...

Un consiglio: suddividi i compiti grandi in mini-compiti. Così, trovi più piccole cose che puoi completare velocemente.

Impara il principio del "fallo subito". Sembra semplice, vero? Ma fare subito quei piccoli compiti evita l'accumulo di una **montagna** che sembra sempre più grande col passare del tempo. Quando torni dal lavoro, butta lo scontrino nella spazzatura immediatamente. Non lasciarlo in macchina o sul tavolo dove finisce per accumularsi con altre cose.

Se ti ricordi di fare una cosa piccola, falla subito. Non ci penserai più e ti sentirai più leggero. Più compiti piccoli cercherai di fare subito, meno ti peseranno sullo spirito durante la giornata.

Anche perché quei piccoli compiti, chiamiamoli "fastidi", si moltiplicano. Come la polvere: lasciarla per un giorno è poco. Ma lasciarla accumulare diventa un casino. Con le email, per esempio... Se puoi rispondere in due minuti, fallo subito prima che il numero di email diventi opprimente.

Cerca di fare il massimo la mattina, quando sei più fresco. Sulla scrivania hai un paio di lettere? Controllale subito. Sarai sorpreso da quanto più libero ti sentirai dopo averle finite.

Infine, attua questa regola anche con le piccole **scelte**. Hai mai passato ore a cercare di decidere cosa ordinare per pranzo? Se prendi decisioni facili subito, liberi spazio mentale per cose più importanti. Scorrendo il menu, se vedi qualcosa che ti piace, ordina subito. Non ci pensare troppo.

In questo modo, evitare l'accumulo di piccoli compiti rende tutto più gestibile. Non rischi di sentirti opprimere dalle piccole cose. La regola dei due minuti può sembrare piccola, ma ti **cambierà** la giornata – fidati.

Ricorda sempre: affronta i piccoli compiti subito, cerca quelli facili, e goditi quella sensazione di **benessere** dopo averli completati.

Raggruppare Attività Simili

Parlando dell'importanza di raggruppare attività simili, devi affrontare il concetto di **cambio di contesto**. Pensa alle situazioni in cui passi da un'attività all'altra, come scrivere un'email, rispondere a un messaggio, e poi tentare di concentrarti su un progetto importante. È come chiedere alla tua mente di cambiare marcia ogni volta. Questo continuo passaggio da un'attività all'altra consuma **energia mentale** e diminuisce la concentrazione. In sostanza, più cambi di contesto fai, più il tuo cervello si stanca. È come se la macchina della tua mente dovesse costantemente disinnestare una marcia e rimetterla in un'altra. Questo genera un consumo energetico che non puoi ignorare.

Ecco che entra in gioco il **raggruppamento** delle attività simili. Invece di passare continuamente da una cosa all'altra, puoi raggruppare le attività di natura simile. Scrivi tutte le email in un colpo solo. Dedica un'ora solo alle chiamate. Questo riduce drasticamente il carico cognitivo poiché non chiedi al cervello di cambiare marcia costantemente. Stai semplicemente facendo lo stesso tipo di attività per un periodo prolungato. Il risultato? Un'aumentata **efficienza** e meno fatica mentale.

E come puoi applicare tutto ciò nella vita di tutti i giorni? Una tecnica davvero utile è quella delle "**giornate a tema**." Sai che il lunedì devi affrontare la maggior parte delle email accumulatesi nel weekend? Dedica la mattinata solo a questa attività. I martedì sono invece perfetti per riunioni e brainstorming. Non solo ti focalizzi su un tipo di attività alla volta, ma stabilisci anche una routine che il tuo cervello può anticipare. Questo agisce come una sorta di GPS mentale che ti guida e ti fa risparmiare molte energie.

Le giornate a tema non devono essere rigide. Possono essere flessibili e adattarsi alle tue esigenze. Un suggerimento: prova a mantenere almeno un giorno alla settimana libero da appuntamenti o attività di gruppo. Utilizza questo tempo per concentrarti su progetti individuali e introspezione. Questo **equilibrio** ti aiuterà a rimanere produttivo senza appesantirti troppo.

Ma come si inizia? Scomponi le tue attività in categorie chiare. Lavora focalizzandoti su una sola tipologia di attività. Scrivi la tua lista lunedì, organizza una serie di chiamate il martedì, e così via. Vedrai che il livello di **stress** diminuisce man mano che ti abitui a queste routine. E ricorda, nessuno schema è perfetto dal primo tentativo. Adatta e modifica in base al tuo ritmo e alle tue risposte. Col tempo, sarai in grado di massimizzare la tua **produttività** e mantenere la tua mente concentrata ed energetica.

Attraverso il concetto di raggruppare attività simili e tramite l'adozione delle giornate a tema, non solo avrai maggiore chiarezza nelle tue giornate, ma sperimenterai anche una produttività più sostenibile e soddisfacente. Insomma, meno stress, più focus, e meno energia sprecata. Che ne dici, vale la pena provare?

Utilizzo della tecnologia per migliorare la produttività

Parliamo un po' di **minimalismo digitale**. In pratica, si tratta di ridurre al minimo l'uso della tecnologia per evitare distrazioni e mantenere la concentrazione. Può sembrare strano, considerando che stiamo parlando di come usarla per migliorare la produttività, ma c'è un motivo. Ora, prova a immaginare un condominio con dieci stanze disordinate. Quando devi trovare qualcosa, perdi un sacco di tempo. Stesso discorso per la tecnologia: troppe app, notifiche continue, troppa confusione.

Un buon punto di partenza è **eliminare** tutto ciò che non serve. Così non devi combattere contro le continue distrazioni e puoi concentrarti su ciò che veramente importa. Avendo solo le app essenziali, la mente resta zen. Tieni presente che meno è meglio. Un po' come avere un armadio solo con gli abiti giusti, invece di stiparne a centinaia.

Passiamo alla scelta delle app di **produttività**. Il trucco è trovare quelle che si allineano al tuo stile di lavoro. Ad esempio, se sei più visivo, Evernote o Trello vanno alla grande. Se preferisci liste e strutture semplici, Todoist è perfetto. Non serve scaricare tutte le app che trovi in giro. Prova a chiederti: "Questa app mi sta aiutando o aggiunge solo caos alla mia vita digitale?" Spesso trovi subito la risposta. È come fare shopping, devi provare prima di comprare. Ma sii selettivo.

Una volta scelte le tue app, **sfruttale** al massimo. Non bastano dieci minuti di uso per capire il loro potenziale. Investi del tempo per imparare tutte le funzioni. Crea routine basate sulla loro struttura. Per esempio, usa un'app per tracciare i tuoi obiettivi giornalieri e un'altra per i progetti a lungo termine. Organizzati, insomma. Però, stai attento a non sovraccaricare il tuo mondo digitale: troppe app producono l'effetto contrario.

Passiamo alla tecnica dell'**audit tecnologico**. Sembra una parola grossa, ma in realtà è come fare le pulizie di primavera nel tuo spazio digitale. Hai mai impazzito cercando di dominare tutte le app, gadget e contratti vari che usi? Procedi così: stabilisci un giorno, una volta al mese magari, per passare in rassegna tutto. Vedi cosa usi davvero. Se un'app non la tocchi da sei mesi, via! Questo vale anche per dispositivi e software.

Potresti iniziare con qualcosa di semplice: taglia le **notifiche** non essenziali. Un cellulare che suona continuamente disturba, e disturba parecchio. Configura le notifiche per arrivare solo dalle app veramente utili. Devi essere più preciso e simile a un chirurgo in questo, se sprechi tutte le tue energie sulle notifiche, verranno a galla problemi non necessari.

Infine, tieni traccia dei tuoi **progressi**. Dopo un paio di audit, noterai la differenza. Ridimensionando il sovraccarico digitale, scoprirai quanto è più facile restare concentrato. Quando sfoltisci il tuo sistema ogni tanto, rimani più agile e la mente non si blocca tra tanto caos digitale e compiti irrilevanti.

Tirando le fila – restare produttivi grazie alla tecnologia non significa riempire il telefono di strumenti vari. Piuttosto, scegli con saggezza e fai un po' di sano **minimalismo digitale**. Riduci all'essenziale e usa quello che resta a pieno regime. Non è cosa da poco eliminare il superfluo e snellire le distrazioni. Ma alla fine, vedrai, ne vale la pena!

Esercizio Pratico: Audit di Produttività e Piano di Miglioramento

Per iniziare, **traccia** le tue attività quotidiane e i tuoi livelli di produttività per una settimana. Prendi un quaderno o usa un'app per segnare ciò che fai ogni ora. Sì, proprio ogni ora! Può sembrarti un po' noioso, ma è una bomba per capire come passi il tempo.

A metà pomeriggio hai controllato le email tre volte e sei finito a guardare video di gatti? Segnalo. Hai **lavorato** senza interruzioni dalle 9 alle 12? Segnalo anche questo. Dopo una settimana, darai un'occhiata ai dati raccolti. Devi essere onesto riguardo ai periodi di crollo, tipo quando sei incollato allo schermo del cellulare invece di lavorare. Traccia tutto e noterai subito che fine fanno le tue ore.

Ecco che entra in gioco la parte interessante. **Identifica** i tuoi momenti più produttivi e le distrazioni comuni. Magari scopri che lavori a manetta di mattina e lotti contro il crollo dopo pranzo. Forse i social media, le notifiche o anche le chiacchiere con i colleghi sono tutte mine pronte a esplodere. Questi dettagli ti daranno una mappa chiara dei tuoi punti di forza e delle tue aree deboli.

Successivamente, fai una lista delle **strategie** e strumenti di produttività che già usi. Pensi di essere il re delle liste di cose da fare o magari usi un'app specifica? Scrivi tutte quelle cose che già ti aiutano, o pensi ti aiutino, a essere produttivo. Mettere tutto nero su bianco ti fornisce un quadro chiaro e ti permette di vedere se c'è qualcosa che puoi fare meglio.

Adesso, **valuta** l'efficacia di ogni strategia e strumento. Quanto sono davvero utili? Forse le tue liste finiscono nel dimenticatoio o quell'app non la tocchi mai. O diciamocelo, potresti pure accorgerti che il famoso metodo Pomodoro da te tanto osannato aggiunge più stress che risultati concreti. Annota i pro e i contro di ogni approccio e valuta cosa funziona e cosa no.

Ora si parte alla grande. Fai una piccola ricerca e scegli nuove tecniche di produttività da **provare**. Forse ti attirerà il Time Blocking, ovvero suddividere la giornata in blocchi di tempo dedicati a specifiche attività. Oppure decidi di sperimentare l'approccio "Eat That Frog", che suggerisce di affrontare prima le attività più difficili.

Inizia adottando una nuova tecnica ogni settimana per un mese. Questo passo per passo, senza stravolgere tutto in una volta. Ad esempio, puoi iniziare col "Time Blocking" nella prima settimana e vedere come ti trovi. Nella seconda settimana, puoi dare una chance alla tecnica del flusso di lavoro batch, e così via. In questo modo ti abitui lentamente alle novità e valuti in modo efficace.

Durante questo mese, **registra** le tue esperienze e i risultati con ogni nuova tecnica. Non solo numeri, ma anche come ti senti. Ti stressa di meno? Sei più concentrato? Annota tutto: successi, fallimenti, sensazioni. Alla fine del mese, avrai un libro di esperimenti personale da cui attingere.

Poi arriva il bello. **Sviluppa** un sistema di produttività personalizzato basato sui tuoi risultati. Prendi quel che ha funzionato meglio e costruiscici sopra. L'obiettivo non è copiare pedissequamente le tecniche altrui ma creare un metodo che si adatti a te. Personalizzalo, rendilo flessibile, fallo tuo. Questa è la chiave di una produttività su misura, cucita addosso alle tue esigenze, ai tuoi ritmi e alle tue idiosincrasie.

E infine, sii fedele al tuo nuovo sistema. Mantieni ciò che funziona e non temere di modificare dove ancora senti che c'è margine di miglioramento. La produttività non è un percorso liscio, ma con pazienza e dedizione puoi trovare il ritmo giusto. In bocca al lupo!

In Conclusione

In questo capitolo, hai esplorato diverse **tecniche** per migliorare la tua **produttività** mentale. Attraverso piccoli passi pratici, puoi diventare più disciplinato e **concentrato** nei tuoi compiti quotidiani. Ecco un riassunto di ciò che hai appreso.

Hai visto il confronto tra single-tasking e multitasking, discutendo i costi cognitivi del cambio di attività e il suo impatto sulla produttività. Hai anche scoperto l'adozione della regola dei due minuti per le piccole attività, esplorando i benefici psicologici del completare rapidamente i **compiti** minori.

Hai imparato l'utilizzo della tecnica del batching per attività simili, capendo come raggruppare **mansioni** affini per ridurre il carico cognitivo. Inoltre, hai esaminato l'impiego della **tecnologia** per migliorare la produttività, scoprendo il minimalismo digitale e come selezionare le app giuste.

Infine, hai appreso come fare un audit di produttività e creare un piano di **miglioramento**, attraversando i passi per monitorare le tue attività quotidiane e ottimizzare i tuoi strumenti di **lavoro**.

Spero che tu possa mettere in pratica quanto appreso in questo capitolo per migliorare la tua produttività. Ricorda, bastano piccoli **cambiamenti** quotidiani per ottenere grandi risultati a lungo termine. Forza e coraggio!

Capitolo 12: Superare la Procrastinazione

Hai mai sentito il **peso** delle cose da fare crescere ogni giorno? Bene, sei nel posto giusto. Sono qui per aiutarti a **scoprire** nuove strade per affrontare quella sensazione fastidiosa che si chiama "**procrastinazione**". Questo capitolo non è solo una serie di consigli standard, ma un percorso pratico che potrebbe **cambiarti** la vita.

Sicuramente sai che rimandare tutto al domani sembra offrirti un sollievo momentaneo, ma alla lunga diventa una montagna impossibile da scalare. Ti guiderò attraverso semplici **tecniche** che ti faranno vedere il lavoro da una nuova prospettiva. Io stesso ho combattuto con la procrastinazione e posso dirti che ci sono modi per superarla che sono persino divertenti. Penserai: "Divertenti? Ma davvero?" Sì, proprio così!

Prepareremo insieme delle piccole **sfide** per aiutarti a ridurre questo problema pezzo per pezzo. Ti farò vedere come **dividere** le grandi cose da fare in piccoli pezzi gestibili e come trovare un sistema di responsabilità che ti terrà davvero in pista. Avremo anche un **esercizio** pratico finale... qualcosa di più di un semplice consiglio teorico.

Quindi, sei pronto a fare quel primo passo? Questo capitolo promette di essere il tuo nuovo alleato nella sfida contro la procrastinazione!

Cause Principali della Procrastinazione

Ti sei mai **chiesto** cosa c'è dietro la procrastinazione? Perché decidi di **rimandare** cose che sai di dover fare? Ci sono fattori psicologici che giocano un ruolo importante. Principalmente parliamo di **ansia**, bassa autostima, e la paura di fallire.

Innanzitutto, l'ansia può fare un gran casino. Ti ritrovi con mille pensieri, ti gira la testa e... bum! Finisci per fare tutt'altro tranne ciò che dovresti. È come se il lavoro da fare fosse un mostro gigante. La bassa **autostima** è un'altra zavorra. Pensa a tutte le volte che hai pensato: "Non sono bravo, non ci riuscirò mai, tanto vale non provarci neanche." E infine, c'è la paura del fallimento. Sappiamo tutti quanto spaventa fare qualcosa e non riuscirci.

Ok, tutto molto interessante. Ma come fai a capire cosa ti spinge a procrastinare? Devi imparare a riconoscere i tuoi **trigger**. Fai attenzione a quando inizi a procrastinare, e chiediti: che cosa succede in quel momento? Ho usato troppe parole tecniche? Facciamo così: ogni volta che senti il bisogno di fare qualcosa d'altro, prendi nota. Che ore sono? Come ti senti? Con chi sei?

Ah, arriviamo alla mia tecnica preferita: la tecnica dei "5 Perché". È davvero semplice, fidati. Chiediti perché stai procrastinando, e rispondi. Poi chiediti di nuovo perché su quella risposta, e continua così per cinque volte. Ad esempio, potresti chiederti: "Perché non riesco a iniziare questo **progetto**?" Potresti rispondere: "Perché mi sembra troppo grande da affrontare?" Ok, chiedi di nuovo: "Perché mi sembra troppo grande?" e così via... È un processo come quello che facevi da piccolo quando cercavi di scomporre qualcosa per vedere che c'era dentro.

Mettiamo tutto insieme ora. Prendi i tuoi appunti sui tuoi trigger e le risposte che hai trovato con i 5 Perché e analizzali. Identificherai certi **schemi** nelle tue risposte. Magari ogni volta che ti senti ansioso, ti metti a guardare video su internet invece di affrontare compiti noiosi. Oppure, ogni volta che pensi a quanto potrebbe essere difficile un lavoro, ti ritrovi a fare altro. È così che scopri le vere ragioni dietro la procrastinazione.

Ma c'è ancora un pezzo importante del puzzle. Quando inizi a riconoscere questi fattori, sei già a metà dell'opera. Sapere è potere, come si dice.

Comunque, dobbiamo anche parlare di **soluzioni** per tutti questi problemi. Affrontare l'ansia, lavorare sulla tua autostima e imparare a gestire la paura del fallimento sono tutti passi cruciali.

Quindi, per riassumere un po', la procrastinazione non è solo una questione di pigrizia. Ci sono cause profonde che devi identificare. Usa la tecnica dei "5 Perché" e individua i tuoi trigger per iniziare a conoscere te stesso meglio e smettere davvero di procrastinare. Ripassa tutte le indicazioni e vedrai i **miglioramenti**. Sei più forte di quanto pensi!

La Tecnica "Mangia Quella Rana"

Allora, cos'è 'sta storia della rana? Vuol dire **affrontare** il compito più difficile per primo. Sembra una trovata, ma funziona. Sai, sei lì davanti alla tua giornata, mille cose da fare. Cosa fai? Rimandi il compito più tosto di tutti. E sai cosa succede? La tua giornata vola via e il più difficile rimane lì, intoccato. Ma se lo affronti subito, è come creare una valanga di **motivazione**. Tipo che, una volta fatta quella cosa, tutto il resto sembra una passeggiata. Crei slancio, energia... una specie di magia.

Identificare e dare **priorità** ai tuoi compiti "rana". Fai una lista, vediamo... cosa c'è di più complicato o fastidioso? Quello che cerchi di evitare, ecco. Quello è la tua rana. Segnalo nella tua lista quotidiana. Certo, sembra scontato, ma in realtà aiuta un sacco. Inizi con il più pesante, poi tutto il resto scivola via.

Pianificare i tuoi compiti difficili in modo strategico? C'è una tecnica, si chiama "time blocking". In parole povere, si tratta di bloccare del tempo specifico nella tua giornata per affrontare quel compito difficile. Te lo dico subito, aiuta davvero a **concentrarsi**. Tipo, la mattina dalle 9 alle 10: solo lavoro su quel compito "rana". Fai uno sforzo intenzionale. Blocchi un'ora, magari due. Spegni il cellulare, chiudi le email. Niente distrazioni.

Immagina che, appena ti svegli, invece del solito caffè e controllo notifiche, ti metti subito al lavoro sul compito più difficile. Certo, è una sfida. Ma appena lo finisci, ti senti come se potessi conquistare il mondo.

Poi, fare il "time blocking" ti aiuta anche a non **rimandare**. Hai deciso che quelle due ore sono per quel compito e basta. Niente scuse, è lì nella tua agenda. Dice: "Questo è il momento per quella rana!" E tu, con il cuore in gola, vai e la mangi. A fine giornata, quella soddisfazione che senti è ineguagliabile.

Ora, vediamo come mettere tutto questo in pratica. Prendi il tuo planner o un'app per la gestione del tempo. Scegli un compito "rana" ogni giorno. Poi decidi quanto tempo hai bisogno per quel compito. Fissalo nel tuo calendario. Ah, e ricorda: non dev'essere perfetto! L'importante è che ti ci dedichi. Fai delle modifiche man mano che capisci cosa funziona meglio per te.

Se hai difficoltà a iniziare, prova a scomporre il compito in parti più piccole. Invece di dire: "Devo scrivere dieci pagine" prova con "Scrivo una pagina". Più facile, no? Una volta fatto, il resto seguirà naturalmente. È quasi come scalare una montagna... meglio andare un passo alla volta.

A proposito, è fondamentale **festeggiare** le piccole vittorie. Anche solo mettere una spunta sul tuo planner è gratificante. Stimola una reazione positiva nel cervello e rinforza la **motivazione**.

Insomma, la tecnica "Mangia Quella Rana" può sembrare un cliché, ma alla fine della giornata, quello che importa è che tu riesca a fare il lavoro che conta. Sentirai di **controllare** meglio la tua vita e le tue giornate, senza cadere nelle trappole della procrastinazione.

Non è facile, ma vale la pena provarci. Che aspetti? Mangia quella rana!

Suddividere i compiti in parti gestibili

Ecco uno dei segreti meglio custoditi per combattere la **procrastinazione**: fare progressi percepiti. Vedere di avanzare, anche poco, è una **motivazione** potente. Quando sai di aver fatto anche solo un piccolo passo, ti senti meglio, più forte e motivato a continuare. Fa parte della psicologia del progresso percepito - ti fa sentire in controllo, meno sopraffatto e più efficace. Sei come un bambino che si entusiasma vedendo quanto velocemente cresce misurandosi contro una parete.

Avviciniamo il discorso alla vita quotidiana: considera la Struttura di Scomposizione del **Lavoro** (WBS). Pensa a questa "struttura" come a uno schema visuale che ti permette di prendere un grande **progetto** e sezionarlo in pezzi più piccoli e gestibili. È come quando affronti un enorme puzzle: prima separi i bordi, poi magari raggruppi i pezzi per colore, e voilà, tutto appare meno scoraggiante.

Con la WBS, quello che fai è:

• Identificare il progetto principale

• Suddividerlo in sotto-progetti o attività macro

• Continuare a suddividere queste attività in compiti più piccoli e concreti

Ti faccio un esempio. Immagina di dover organizzare una grande **festa** di compleanno. Il progetto "Festa di Compleanno" si può dividere in due macro-attività: "Preparativi" e "Festa vera e propria". I preparativi possono essere ulteriormente suddivisi in: "Inviti", "Decorazioni", "Catering", e così via. Quando ciascun **compito** diventa piccolino tipo "prenotare il catering" o "acquistare i palloncini", sembrerà molto più semplice e meno stressante.

Ora, diamo un'occhiata ad un altro metodo magico per affrontare compiti scoraggianti: il metodo "Swiss cheese". Come funziona? Si tratta di fare piccoli buchi in un grande compito, proprio come in un formaggio svizzero. L'idea è di immergersi nei compiti facilmente attaccabili e rapidi, quelli che risolti al volo ti caricano di **energia**.

Ecco come fare:

• Prendi un compito gigante che sembra impossibile affrontare

• Identifica piccoli segmenti che puoi completare rapidamente (buchi di formaggio, appunto)

• Lavora su questi micropassi che portano a un'autentica gratificazione immediata

Prendi, per esempio, l'enorme compito di scrivere un **libro**. Sembra mostruoso, vero? Ma se invece inizi scrivendo una bozza di un singolo capitolo, e poi un paragrafo alla volta - pop! - il formaggio finisce più velocemente di quanto pensi.

Il passaggio tra identificare compiti e segmentarli fa sì che tu non abbia quell'ansia che blocca ogni tua iniziativa. Quando ciascun pezzetto è completato, quel piccolissimo passo in avanti nel Swiss cheese ti fa sentire "Wow, sto davvero facendo progressi!" Questo senso di avanzamento ti mostrerà che sei sulla strada giusta.

Tutti questi consigli insieme formano una strategia unica per affrontare la procrastinazione: parti con il visualizzare il progresso, poi scomponi i grandi compiti usando strumenti come la WBS e attacca quei piccoli "buchi" grazie al metodo Swiss cheese. Prima che te ne accorga, sarai riuscito a trasformare compiti giganteschi in **azioni** concrete e maneggevoli.

Se la prossima volta ti trovi sopraffatto da una montagna di compiti, applica il metodo "Swiss cheese" e vedrai che riderai di gusto!

Sistemi di Responsabilità per il Completamento delle Attività

Il **potere** dell'impegno sociale nel superare le tendenze alla procrastinazione è davvero incredibile. Quando dici a qualcuno che farai qualcosa, senti come una specie di pressione buona per mantenere quella promessa. Si tratta di non voler deludere l'altra persona. Ti viene mai un po' d'ansia prima di un esame solo perché tutti sanno che devi passarlo? È un po' la stessa cosa.

Ora, parliamo di come impostare delle partnership o **gruppi** di responsabilità efficaci. Non è che uno dice "Facciamo un team di responsabili!" e basta. Senza struttura non si va lontano. Trovare una persona o un gruppo con cui condividere i tuoi **obiettivi** è fondamentale. Ma deve essere gente sul pezzo, sai? Qualcuno di cui ti fidi e che ha interessi simili ai tuoi. Poi, fissa incontri regolari: chiamate su Zoom, messaggi su WhatsApp, qualunque cosa funzioni meglio per te. Discuti cosa hai fatto, cosa devi fare ancora e assegnati compiti per la settimana successiva. È meno spaventoso quando sai che qualcuno lo controlla con te.

Poi hai anche la tecnica della "**dichiarazione** pubblica". Basta dirlo a tutti quanti. Letteralmente. Condividi il tuo impegno sui social media, parlane con gli amici, scrivi su un blog. Funzionerà proprio perché, una volta messa là fuori, la dichiarazione diventa quasi come una promessa da mantenere. La pressione sociale diventa una spinta, ti spinge a farlo sul serio. Ci hai mai pensato? Parecchie persone lo trovano un po' intimidatorio, ma è lì che fa il suo lavoro: nessuno vuole fare una brutta figura.

Sì, alla fine, siamo esseri sociali in cerca di **approvazione**. Ma, d'altro canto, chi se ne importa? Se funziona per combattere la pigrizia, perché no? Stesso concetto di quando ti iscrivi a una gara o ti impegni ad andare in palestra con un amico. Magari non avresti mai fatto certe cose da solo, ma col gruppo cambia tutto.

Non c'è bisogno di essere formali o complicati, basta essere onesti e costanti. Lascia perdere quelli stilosi, la chiave è la **regolarità**, il confronto e il supporto reciproco. Dai, alla fine stiamo parlando solo di un po' di sana pressione sociale - non è che stai scalando l'Everest! Quindi perché non provarci? Prova ad essere parte di un **gruppo** responsabile questa volta invece di rimandare tutto al domani. La **motivazione** che ne ricavi potrebbe sorprenderti!

Esercizio Pratico: Sfida Anti-Procrastinazione

Spesso ti trovi a voler fare mille cose, ma la **procrastinazione** ha la meglio. Sei pronto a cambiare le cose? Questo esercizio pratico ti guiderà per superare quel fastidioso freno che ti fa rimandare tutto. Vediamo com'è fatto.

Innanzitutto, identifica i tuoi tre **compiti** o progetti più inclini alla procrastinazione. Quali sono quelle cose che continui a evitare? Potrebbero essere i tuoi compiti per la scuola, il progetto di lavoro o magari pulire il garage. Scegli quelli che ti preoccupano di più.

Ora che hai identificato i tuoi compiti, è il momento di dividerli in passaggi più piccoli e attuabili. Prendi ogni compito e spezzettalo in tante piccole **azioni**. Ad esempio, anziché pensare di scrivere un intero rapporto, comincia con fare una ricerca, poi creare un'introduzione, e così via.

Una volta spezzettati i tuoi compiti, stabilisci delle **scadenze** specifiche per ogni passaggio e per il compito complessivo. Mettile in agenda, magari con dei promemoria sul telefono. Le scadenze devono essere reali e impegnative, ma fattibili.

La prossima cosa da fare è trovare un partner o un gruppo di **responsabilità** con cui condividere i tuoi obiettivi. Racconta a qualcuno ciò che intendi fare e chiedigli di controllarti. Avrai qualcuno con cui confrontarti, qualcuno che dirà: "Ehi, come va col progetto?" Utilissimo!

Ora, applica la tecnica "mangia quella rana" ogni giorno per una settimana. Daje! Questo significa affrontare prima la cosa più noiosa o dura della tua giornata. Sbarazzartene ti darà una grande carica di **energia** poi.

Un'ulteriore tecnica utile è la "Tecnica del Pomodoro". Lavori 25 minuti concentrato su un compito, poi prendi una pausa di 5 minuti. Dopo quattro "pomodori", fai una pausa più lunga. Facile, no? Ti aiuta a restare **concentrato** e a massimizzare il tempo.

Segui i tuoi **progressi** e le sfide quotidianamente. Tieni un diario o un documento dove scriverti cosa hai fatto e come ti sei sentito. Questo ti aiuterà a vedere quanto sei migliorato e quali sono le difficoltà che incontri ancora.

Infine, rifletti sulla tua esperienza e affina la tua strategia anti-procrastinazione. Prenditi un momento per pensare cosa ha funzionato bene e cosa meno bene. Fai degli aggiustamenti alla tua **strategia** basati su questa riflessione.

Ricordati: nessuno è perfetto e questi passaggi ti servono come una guida. Non stressarti. Funzioneranno meglio col tempo e con la pratica. E ogni passo ti porta un po' più vicino a dire addio alla procrastinazione una volta per tutte. Dai, metti in pratica, e vedrai che cambiamenti!

In conclusione

Questo capitolo ti ha fornito **strumenti** pratici per superare la **procrastinazione** e migliorare la tua efficienza nelle attività quotidiane. Ora sai come affrontare quella tendenza a rimandare che tutti conosciamo fin troppo bene. Riassumiamo i punti chiave che hai appreso per aiutarti a utilizzare queste tecniche nella tua vita di tutti i giorni.

Ecco gli aspetti cruciali che hai visto in questo capitolo:

• Le cause psicologiche della procrastinazione e come individuare i tuoi schemi personali.

• Il concetto di affrontare i compiti più **impegnativi** per primi, noto come tecnica "Mangia quel rospo".

• I **benefici** di suddividere i compiti in parti più gestibili con strategie come la Struttura di Suddivisione del Lavoro.

• L'importanza dei sistemi di **responsabilizzazione**, sfruttando l'impegno sociale per superare la procrastinazione.

• Suggerimenti pratici per creare ed eseguire un programma anti-procrastinazione.

Con questi insegnamenti, sei meglio **equipaggiato** per riconoscere e combattere la procrastinazione. Applica queste **tecniche** nella tua vita quotidiana per diventare più efficace e **fiducioso** nei tuoi impegni. Pronto a vedere una differenza? Datti da fare e rimarrai sorpreso da quanto puoi realizzare!

Capitolo 13: Mantenere l'Autodisciplina a Lungo Termine

Hai mai sentito quella vocina nella testa che dice "Devo **migliorare**?" È qualcosa che conosco fin troppo bene. Ma non preoccuparti, perché questo capitolo è qui per aiutarti a trasformare quella vocina in una **risolutezza**.

Allora, come fai a mantenere la **disciplina** a lungo termine senza bruciarti o mollare? Questo capitolo ti mostrerà la strada. Ti prometto niente magie. Niente assurdità filosofiche. Solo pratiche e semplici **abitudini** che potrai integrare nella tua vita quotidiana.

Immagina di avere un manuale pratico in mano. Qui parleremo di come creare abitudini **sostenibili**. Magari ti chiederai, "Ma come faccio a sapere se sto andando bene?" Beh, ti insegnerò a fare periodiche auto-valutazioni e a fare dei piccoli **aggiustamenti** lungo il cammino.

E sai una cosa? Celebrare piccoli **traguardi** è importante. Ti mostrerò come festeggiare i tuoi progressi, anche quelli che sembrano insignificanti. Non sarà solo un percorso di disciplina ma anche di continuo **apprendimento** e miglioramento personale.

Alla fine, metterai in pratica tutto con un esercizio concreto: un piano per l'autodisciplina a lungo termine. Sei pronto a scoprire come? Andiamo avanti insieme...

Creare Abitudini Sostenibili

Hai mai sentito parlare di "**habit stacking**"? È un concetto potente per costruire la **disciplina** a lungo termine. L'idea è di utilizzare abitudini esistenti come base per creare nuove **routine**. Facciamo un esempio. Prendi un'abitudine che fai già senza pensarci troppo, come preparare il caffè la mattina. Ora, abbinala a una nuova abitudine che vuoi instaurare. Vuoi leggere dieci minuti ogni mattina? Metti il tuo libro accanto alla macchina per il caffè. Così, quando prepari il caffè, ti ricordi di leggere. Abitudini impilate, senza troppa fatica.

Immagina di voler introdurre una sequenza di nuove abitudini che rafforzano l'autodisciplina. Ecco come potresti fare. Prima identifichi le abitudini quotidiane che sono già consolidate. Fai una lista mentale: preparare il caffè, fare una passeggiata, lavarti i denti. Una volta che hai questa lista, puoi cominciare a progettare la tua catena di abitudini. Vuoi fare **stretching** ogni giorno? Agganciaio alla passeggiata. Dopo la passeggiata, fai cinque minuti di stretching. Vuoi meditare la sera? Fai del tuo rituale di lavarti i denti il tuo segnale. Una cosa tira l'altra.

Ma a volte, costruire nuove abitudini può sembrare un'impresa impossibile. Qui entra in gioco la tecnica del "**minimum viable habit**". Vuoi iniziare a fare esercizio? Inizia con solo due minuti al giorno. Vuoi scrivere un diario? Scrivi una frase. L'idea è di abbassare la soglia di entrata a un livello ridicolmente facile. Così, non ci saranno scuse. Poco a poco, due minuti di esercizio possono diventare cinque. Una frase può diventare un paragrafo. L'importante è la **coerenza**.

Progettare catene di abitudini funziona meglio quando ogni comportamento si lega in modo naturale al precedente. Pensa a una cascata, dove ogni nuova abitudine è un'estensione di quella precedente. Entriamo nei dettagli. Se la tua sequenza mattutina è fare una passeggiata e poi fare la doccia, puoi aggiungere lo stretching tra queste due. Fare stretching dopo la passeggiata farà sentire il tuo corpo ancora più sciolto per la doccia. Tutto fluisce, tutto diventa parte di un **rito**, non di un impegno faticoso.

L'efficacia di una catena di abitudini dipende dalla progettazione consapevole di ogni singola tappa. Per farlo, prendi carta e penna e mappa le tue abitudini su un foglio. Collega le tue nuove abitudini a momenti specifici della giornata. Non lasciarle al caso. Si tratta di creare una mappa mentale che renda queste azioni quasi automatiche.

Così, se tutto è progettato bene e con attenzione alla tua routine attuale, il concetto di "minimum viable habit" sarà il tuo miglior alleato. Si inizia con piccole azioni facili e si cresce progressivamente. Vuoi leggere di più? Inizia con una pagina mentre aspetti che la tua cena sia pronta. Vuoi meditare? Inizia con un minuto dopo pranzo.

Scoprirai che usando queste tecniche, instaurare nuove abitudini e mantenere l'**autodisciplina** a lungo termine diventa più fattibile. Se hai mai tentato di fissare nuove abitudini e hai trovato la cosa troppo scoraggiante, prova "habit stacking" e "minimum viable habit". Le cose verranno da sé, giorno dopo giorno, piccola azione dopo piccola azione. E, passo dopo passo, otterrai **risultati**.

Autovalutazione e adattamento periodici

Per mantenere la **disciplina** nel tempo, è fondamentale riflettere regolarmente sul tuo percorso. Fermarsi ogni tanto per fare il punto della situazione ti aiuta a non perdere d'occhio i tuoi **obiettivi** e capire se stai andando nella direzione giusta. Questo momento di riflessione ti permette di notare i progressi che hai fatto ma anche di renderti conto delle aree dove puoi migliorare. Immagina un viaggio: se non controlli la mappa di tanto in tanto, potresti finire totalmente fuori strada senza neanche accorgertene. E lo stesso vale per la tua autodisciplina.

Un modo molto efficace per fare questa riflessione è un **audit** mensile della tua autodisciplina. Una volta al mese, prenditi del tempo per valutare come stai gestendo i tuoi impegni e se ci sono stati progressi rispetto agli obiettivi che ti sei prefissato. Chiediti:

• Hai rispettato il tuo piano di lavoro o allenamento?

• Quali tentazioni hai dovuto affrontare e come le hai superate?

• Ci sono stati momenti in cui ti sei auto-sabotato e cosa puoi fare per evitarlo la prossima volta?

Questa **autoanalisi** mensile ti permette di mantenere il controllo sulla tua autodisciplina e apportare le correzioni necessarie prima che le piccole deviazioni diventino veri e propri ostacoli.

La tecnica dell'analisi **SWOT** personale può essere particolarmente utile per una pianificazione strategica del tuo auto-miglioramento. Lo SWOT (punti di forza, debolezze, opportunità e minacce) è utilizzato spesso in azienda per analizzare lo stato di salute di un progetto, ma si adatta perfettamente anche alla tua crescita personale.

Punti di Forza: Pensa a quali sono le tue qualità che ti aiutano a mantenere la disciplina. Magari hai molta determinazione o sei molto organizzato. Scrivili giù e valorizzali.

Debolezze: Rifletti su cosa ti mette più in difficoltà. Forse ti lasci distrarre facilmente o tendi a procrastinare. Riconoscerli è il primo passo per affrontarli.

Opportunità: Ci sono degli strumenti o delle occasioni che potresti sfruttare per migliorare la tua disciplina? Può essere un nuovo libro o un programma di coaching. Tutto ciò che può rappresentare una crescita va individuato e usato a tuo vantaggio.

Minacce: Quali sono gli ostacoli che potresti incontrare lungo il cammino? Che sia il lavoro stressante o una mancanza di supporto familiare, riconoscere questi fattori ti aiuterà a sviluppare delle strategie per superarli.

Facendo questo esercizio ogni mese, puoi avere una chiara panoramica della tua situazione attuale e capire dove concentrare i tuoi sforzi. Se ogni mese analizzi ciò che funziona e ciò che non funziona per te, sarai sempre più in grado di adattarti e migliorare la tua autodisciplina.

Quindi, non sottovalutare l'importanza di prenderti un momento per fare il punto della situazione. Non solo ti aiuterà a capire meglio te stesso, ma ti permetterà anche di trovare nuove strade per essere più disciplinato e raggiungere i tuoi obiettivi senza auto-sabotarti.

Celebrare traguardi e progressi

Riconoscere i **successi**, anche quelli piccoli, è importante per mantenere alta la **motivazione**. Non si tratta solo di un fatto psicologico. È come dare una pacca sulla spalla a te stesso. Funziona così: quando ti rendi conto di aver raggiunto un obiettivo, rilasci endorfine, quelle sostanze chimiche che ti danno un senso di benessere. È come una piccola festa nel cervello. E questo ti dà quella spinta in più di cui hai bisogno per andare avanti.

Cosa succede se non riconosci i tuoi successi? Beh, non vedi i tuoi **progressi** e ti sembra di correre su una ruota come un criceto. E questa è una delle cause più comuni per cui le persone mollano tutto. Non serve una grande celebrazione. A volte basta dirti "Bravo!". Per esempio, immagina di aver resistito alla tentazione di mangiare quel dolce che tanto ti piace. Riconoscilo e sii fiero del tuo autocontrollo.

Ma come puoi fare per riconoscere bene i tuoi successi? Puoi creare un sistema di **ricompense** che sia in sintonia con i tuoi valori e obiettivi. Non c'è bisogno di spendere un sacco di soldi o fare qualcosa di complicato. Per esempio, ti piace leggere? Regalarti un libro dopo aver raggiunto un traguardo può essere una bellissima ricompensa. Ami il cinema? Concediti una serata al cinema come premio.

Il punto è che non serve altro se non qualcosa che davvero ti piace e ti rende felice. Questo non solo ti motiverà a continuare, ma ti farà apprezzare di più il percorso. Un altro esempio di ricompensa significativa può essere il dedicare del tempo a un hobby che hai sempre trascurato. È come dirti che hai lavorato duro e meriti un po' di svago.

Ora, un modo efficace per mantenere ampie vedute dei progressi è il "**journaling della gratitudine**", una tecnica semplice ma potente. Prendi un diario e annota ogni giorno tre cose di cui sei grato. Usa pochi minuti della tua giornata, è veloce ma tanto efficace. Non importa quanto siano piccole queste cose: potrebbe essere una bella tazza di caffè, una parola gentile di un collega o un piccolo successo.

Scrivendo questi appunti, ti accorgerai dei tuoi progressi e saprai apprezzare anche i piccoli passi fatti. Questo aumenta la tua **consapevolezza** e riconoscenza verso te stesso e il cosmo. È un'azione consapevole che cambia il tuo modo di vedere le cose, aumentando la tua motivazione. Immagina di avere un amico che ti incoraggia sempre. Con il "journaling della gratitudine", diventi tu quell'amico.

Puoi anche farne una pratica condivisa. Raccontalo a amici e familiari. Forse vorranno unirsi a te. Questo crea una rete di **supporto** e celebrare insieme è sempre più bello. Quindi, facciamolo. Inizia oggi stesso e vedrai come il tuo **percorso** verso i tuoi obiettivi diventerà più chiaro e meraviglioso.

Apprendimento Continuo e Miglioramento Personale

Il concetto di **pratica deliberata** è cruciale per lo sviluppo dell'autodisciplina. Senza un allenamento mirato al miglioramento, non farai molta strada. Immagina un violinista che suona sempre lo stesso pezzo, senza mai provare nuove tecniche. Rimarrà sempre allo stesso livello—magari decente—ma non diventerà mai un virtuoso. Allo stesso modo, applicare la pratica deliberata alle tue attività quotidiane ti permette di **crescere** e migliorare costantemente.

Quindi, cos'è la pratica deliberata? In realtà, è molto semplice: si tratta di allenarti in maniera mirata, con uno specifico focus su ciò che devi migliorare. Non basta fare qualcosa per ore e ore; hai bisogno di farlo con **intenzione** e obiettivi chiari. In questo modo, puoi identificare le tue aree deboli e lavorarci su.

Passiamo ora a come creare un piano di **sviluppo personale** che supporti la crescita nell'autodisciplina. La cosa fondamentale qui è la chiarezza. Devi avere obiettivi precisi e un piano dettagliato è come una mappa che ti guida nella giusta direzione. Ecco qualche consiglio utile:

• Stabilisci i tuoi obiettivi — Tieni a mente ciò che vuoi davvero ottenere. Scrivilo da qualche parte dove lo puoi vedere ogni giorno.

• Valuta la tua situazione attuale — Sii onesto con te stesso su dove ti trovi al momento e cosa devi fare per progredire.

• Identifica le tue aree deboli — Dove trovi più difficoltà? Cosa ti frena? Individua queste aree per lavorarci sopra specificamente.

• Determina delle microazioni — Non serve pensare in grande. Inizia con piccoli passi quotidiani che, col tempo, porteranno a grandi risultati.

Parlando del miglioramento dell'autodisciplina, una tecnica utile è lo "**skill stacking**". Si tratta di combinare diverse abilità complementari, aumentando il tuo valore e la tua capacità di autodisciplina in maniera esponenziale. Pensa, sei già bravo a scrivere, giusto? Ora immagina quanto più efficace saresti se migliorassi anche le tue capacità di gestione del tempo—di colpo la tua produttività schizzerebbe alle stelle.

Puoi utilizzare lo "skill stacking" proprio così:

• Identifica abilità che si combinano bene — Se sei bravo in un'area, cerca altre abilità che possono completarla.

• Impara un pezzo alla volta — Non bisogna esagerare! Cerca di migliorare una cosa alla volta; l'importante è un **progresso** costante.

• Applica queste abilità insieme — Quando inizi a combinare le nuove abilità apprese con quelle che già possiedi, noterai un miglioramento concreto nella tua autodisciplina.

Insomma, non ti preoccupare di risultare perfetto subito. Tutto si costruisce giorno dopo giorno, anche l'autodisciplina. L'importante è mantenere la **volontà** di imparare e migliorare costantemente. E ricorda, il viaggio del miglioramento personale è sempre in evoluzione... non c'è un vero punto d'arrivo, ma goditi il progresso!

Esercizio Pratico: Piano di Autodisciplina a Lungo Termine

Allora, vuoi diventare una roccia nel campo dell'**autodisciplina**? Fantastico! Per farlo ti serve un piano ben preciso. Iniziamo definendo la tua **visione** a lungo termine per l'autodisciplina. Non stiamo parlando di un obiettivo settimanale, ma di qualcosa di bello ambizioso, da 1 a 5 anni. Cosa vuoi ottenere nel lungo termine?

Magari vuoi mantenere una dieta sana per anni o migliorare le tue abilità lavorative. Pensa in grande!

Ora, identifica le aree chiave su cui concentrarti per migliorare. Potrebbe essere la gestione del tempo, il miglioramento delle abitudini di salute, l'aumento della produttività al lavoro. Una volta che hai la visione, è il momento di capire quali sezioni della tua vita hanno bisogno di più attenzione. Questo ti aiuterà a indirizzare le tue energie dove servono davvero.

Il prossimo passo è stabilire **obiettivi** SMART per ogni area d'interesse. SMART è un acronimo che ti serve a mantenere gli obiettivi Specifici, Misurabili, Raggiungibili, Realistici e Limitati nel Tempo. Ad esempio, invece di dire "voglio migliorare la mia salute", potresti specificare "voglio perdere 5 chili nei prossimi 3 mesi". Questo ti dà una direzione chiara e misurabile.

Ora crea un **piano** d'azione di 90 giorni con traguardi specifici e abitudini da sviluppare. Prendi la visione a lungo termine e spezzettala in qualcosa di più gestibile. Disegna un miniciclo di 90 giorni con obiettivi chiari e abitudini che vuoi formare. Sarà molto meno intimidatorio così, e renderà anche più facile monitorare i progressi.

Stabilisci un processo di **revisione** settimanale per tenere d'occhio i progressi e fare aggiustamenti. Ogni settimana, prenditi un momento per esaminare quello che hai fatto. Hai raggiunto i mini-obiettivi settimanali? Ci sono ostacoli che non avevi previsto? È una buona abitudine fermarsi a riflettere e fare le necessarie correzioni di rotta.

Pianifica delle auto-valutazioni mensili per valutare i progressi generali. Questo è un check-in più ampio, dove vedi come vanno le cose nel complesso rispetto ai tuoi obiettivi di lungo termine. È importante vedere come si incastrano i pezzi del puzzle.

Organizza sessioni di "**ricalibrazione**" trimestrali. Ogni tre mesi, fai un bilancio completo. Sei sulla buona strada per raggiungere la tua visione a lungo termine? Hai bisogno di nuovi obiettivi SMART? Quali abitudini stanno funzionando e quali no? È il momento di rimettere tutto in ordine.

Infine, implementa il tuo piano, adattandolo se necessario, e continua il ciclo per una **crescita** sostenuta. Non c'è niente di occulto qui. Devi fare il lavoro, mettere in pratica il piano e poi continuare a migliorarlo man mano che capisci cosa funziona per te e cosa no. È un ciclo continuo di messa a punto e apprendimento.

Ti senti pronto a iniziare? Non serve fare tutto alla perfezione fin dal primo momento. Si tratta di aggiustamenti continui e di tenere d'occhio i tuoi progressi. Alla fine, la pratica costante porta alla padronanza. Dai, mettiti all'opera e diventa il maestro della tua autodisciplina!

In Conclusione

Questo capitolo ti ha fornito **strumenti** preziosi per mantenere l'**autodisciplina** a lungo termine. Abbiamo esplorato strategie, metodi di riflessione e tecniche per celebrare i tuoi **successi**.

Hai visto il concetto di stacking delle **abitudini** per costruire disciplina a lungo termine e come progettare catene abitudinali che rafforzano i comportamenti autodisciplinati. Hai imparato la tecnica del "minimo abituale" per stabilire modelli di comportamento consistenti. Abbiamo anche discusso l'importanza della **riflessione** regolare per mantenere la disciplina nel tempo e come condurre un audit mensile dell'autodisciplina per valutare i **progressi** e individuare aree di miglioramento.

Spero che le informazioni condivise in questo capitolo ti ispirino ad applicare questi concetti nella tua **vita** quotidiana. Ricorda, l'autodisciplina è un viaggio personale che richiede costanza e **impegno**, ma i risultati ne varranno sicuramente la pena. Affronta ogni giorno con determinazione e perseveranza, e vedrai i frutti del tuo duro lavoro crescere col passare del tempo. Avanti tutta!

Per Concludere

Lo **scopo** di questo libro è fornirti gli strumenti necessari per passare da uno stato di insoddisfazione e potenziale improduttività a uno di padronanza di te stesso e chiara **disciplina**. Ti aiuterà a conoscere meglio il funzionamento della tua mente, migliorare la tua **resistenza** mentale, identificare e superare le cattive abitudini, resistere alle tentazioni, stabilire e perseguire **obiettivi**, gestire efficacemente il tuo tempo, sviluppare una mentalità disciplinata, costruire resilienza e migliorare la salute fisica ed emotiva, per mantenere, in ultima analisi, un'autodisciplina di lungo termine.

Facciamo un breve riepilogo:

Abbiamo iniziato con il comprendere l'autodisciplina, esplorando la psicologia del controllo di sé, l'influenza della neuroscienza e il ruolo delle abitudini. Abbiamo anche trattato l'affaticamento della forza di volontà, spiegando come gestirlo efficacemente.

Poi abbiamo sviluppato le basi della resilienza mentale, definendone i componenti e il ruolo dell'intelligenza emotiva. Abbiamo esplorato aspetti come la mentalità di crescita e come essa possa rafforzare l'autodisciplina.

Ci siamo soffermati sulle cattive abitudini, riconoscendo i pattern distruttivi e il ciclo dell'abitudine. Hai imparato come sostituirle con comportamenti positivi attraverso esercizi pratici di tracciamento e analisi delle abitudini.

Resistere alle **tentazioni** è stato un passo fondamentale. Hai compreso la loro natura e implementato strategie di controllo degli impulsi, gratificazione ritardata e progettazione ambientale, culminando con esercizi pratici di esposizione alla tentazione e prevenzione delle risposte.

Hai imparato l'importanza di fissare obiettivi realistici e concreti utilizzando la struttura SMART, allineandoli ai tuoi valori personali e i passi necessari per superare gli ostacoli.

La gestione del tempo per aumentare l'autodisciplina è stata trattata mediante tecniche di priorizzazione, come il metodo Pomodoro e l'eliminazione degli sprechi temporali.

Lo sviluppo di una mentalità disciplinata è stato esplorato attraverso il riadattamento cognitivo, l'auto-dialogo positivo e il superamento delle credenze autolimitanti, con esercizi di diario per il cambiamento della mentalità.

Hai costruito **resilienza** e grinta, affrontando le sfide, superando i momenti di difficoltà con tecniche di gestione dello stress e attività di costruzione della resilienza.

Il collegamento tra salute fisica e autodisciplina è stato chiaro, mostrandoti come una buona alimentazione, l'esercizio fisico e l'ottimizzazione del sonno possano aumentare il controllo di sé.

L'autoregolazione emotiva è stata centrale, dal riconoscimento dei trigger emotivi alla gestione delle emozioni come fonte di **motivazione**, potenziata dallo sviluppo dell'intelligenza emotiva.

Hai visto tecniche di produttività per un pensiero disciplinato, affrontando il single-tasking contro il multitasking, il completamento rapido delle piccole attività e l'uso efficace della tecnologia, supportate da audit delle produttività e piani di miglioramento.

Infine, affrontare la **procrastinazione** è stato essenziale, rivedendone le cause, utilizzando la tecnica "Mangia Quel Rospo," suddividendo i compiti in frammenti gestibili e stabilendo sistemi di accountability.

Immagina ora una vita in cui metti in pratica tutti questi insegnamenti: affronterai le tue giornate con una mentalità rinnovata, supererai gli ostacoli con maggiore facilità e vedrai crescita e prosperità nei settori che più ti stanno a cuore. Ogni obiettivo sarà alla tua portata e sentirai meno la fatica mentale o le distrazioni. La padronanza dell'autodisciplina ti renderà più focalizzato, produttivo e, soprattutto, più soddisfatto della tua vita.

Vuoi saperne di più? Dai un'occhiata al link per ulteriori informazioni:

https://pxl.to/LoganMind

Altri Libri

Perché limitarti a "questo libro" quando puoi **espandere** la tua crescita personale su più fronti? Capire a fondo diversi aspetti del tuo essere è **fondamentale** per un miglioramento globale.

Ho scritto, e sto per pubblicare, altre opere che si sposano perfettamente con "questo libro". Se vuoi **potenziare** la tua intelligenza emotiva, migliorare la tua autostima, o affinare le tue capacità cognitive, ho proprio quello che fa per te:

Il mio libro già disponibile ti aiuterà a sviluppare abitudini che **aumenteranno** la tua intelligenza emotiva, permettendoti di capire e gestire meglio le tue emozioni e quelle degli altri. Pensa alla forza di un autocontrollo emotivo impeccabile, e come potrebbe **influenzare positivamente** la tua vita di tutti i giorni.

Non sottovalutare l'importanza dell'autostima. Un altro mio libro si concentra proprio su come costruire una solida **fiducia** in te stesso, affrontando e abbattendo le barriere psicologiche che ti frenano.

Se desideri migliorare la tua mente, un terzo libro della mia collezione ti offre **strategie** pratiche per allenare il tuo cervello, potenziarne la memoria e stimolare la tua capacità di risolvere problemi.

Allarga quindi i tuoi orizzonti e raggiungi livelli di consapevolezza ancora più alti. È facile:

- Segui il link qui sotto

- Clicca su "All My Books"

• Scegli quelli che ti sembrano più utili e interessanti

• Se vuoi parlare con me direttamente, troverai tutti i contatti a fine pagina

Dai un'occhiata a tutti i miei libri e contatti qui:

https://pxl.to/LoganMind

Aiutami!

Quando **sostieni** un autore indipendente, appoggi un sogno.

Se sei **soddisfatto** del libro, ti prego di lasciare un'opinione sincera visitando il link qui sotto.

Se hai **suggerimenti** per miglioramenti, mandami pure un'email ai contatti che trovi al link sottostante.

Puoi anche semplicemente **scansionare** il codice QR per trovare il link, dopo aver scelto il tuo libro.

Ci vuole solo un attimo, ma la tua **voce** ha un impatto enorme.

Lascia una **recensione** per questi motivi:

• Aiuti a far crescere una community di lettori appassionati.

• Sostieni il lavoro e l'impegno di un autore indipendente.

Il tuo **feedback** è prezioso e ogni parola conta. La tua recensione può aiutare altri lettori a scoprire e amare questo libro.

Se decidi di dare una mano, ti ringrazio di **cuore** per essere parte di questo viaggio.

Visita questo link per lasciare un feedback:

https://pxl.to/6-taos-lm-review

Unisciti alla mia Squadra di Recensori!

Grazie per aver letto il mio **libro**! Ti piacerebbe far parte della mia Squadra di **Recensori**? Se sei un **lettore** appassionato, puoi divertirti con una copia gratuita del mio libro e lasciare un **feedback** onesto, cosa che mi aiuterebbe enormemente!

Unirti al team è **facilissimo**. Ecco cosa devi fare:

- Clicca sul link o scansiona il codice QR.

- Nella pagina che si apre, clicca sulla **copertina** del libro.

- Clicca su "Unisciti al Team di Recensori".

- Iscriviti a BookSprout.

- Riceverai una **notifica** ogni volta che pubblico un nuovo libro.

Dai un'occhiata alla **squadra** qui:

https://pxl.to/loganmindteam

Non perdere questa opportunità di far parte di un gruppo di appassionati **lettori** e di contribuire con le tue opinioni!

www.ingramcontent.com/pod-product-compliance
Lightning Source LLC
Chambersburg PA
CBHW050241120526
44590CB00016B/2186